KB114389

★★★★★

호텔리어의
말센스

국내 5성급 호텔에서 근무한 호텔리어의 다정하고 따뜻한 말

★ ★ ★ ★ ★

호텔리어의
말센스

권혜수 지음

푸른향기
Prunbook Publishing Co.

다정한 말을 건네며
살아가는 삶

학창 시절 내게 호텔리어는 반짝반짝 빛나는 존재였다. 중학교 시절 방영된 드라마 「호텔리어」 속의 예상치 못한 변수나 고객의 불만사항을 힘겹게 해결하는 호텔리어들의 모습과 날카로운 말로 무리한 요구를 하는 손님은 드라마 상의 극적 긴장감을 위한 연출로만 느껴졌다. 그저 멋진 유니폼을 입고 호텔을 활보하는 화려한 모습만이 강한 인상을 주었다. 하지만 당시 호텔리어는 재미있는 드라마의 주인공이었을 뿐 내 일상과는 조금 동떨어진 존재였고, 드라마 종영과 함께 서서히 기억에서 잊혔다. 그때는 예상하지 못했다. 내가 호텔리어가 될 거라고는.

어느덧 시간이 흘러, 어렸던 중학생은 호텔 입사를 확정 짓고 하루하루 설레는 마음으로 호텔리어로서의 첫 출근을 기다리고 있었다. 어렴풋이 중학생 때 보았던 드라마를 떠올리며 자기 일 똑부러지게 잘하는 유능한 커리어우먼이 된 내 모습을 상상했다. 당시에는 사회에 나가면 자연스레 그런 멋진 어른이 될 거라 한 치의 의심도 없이 믿었다.

하지만 점차 시간이 흐를수록, 학생이었을 때는 경험하지 못한 진짜 어른의 세상이 내 앞에 끝도 없이 펼쳐졌다. 호텔은 마치 세상의 축소판 같았다. 이곳에서는 너무나도 다양한 사람들이 각자의 목소리를 내며 살아가고 있었다. 안타깝게도 기분 좋은 나긋한 목소리만 있진 않았다. 때론 시끄러운 굉음이, 때론 하염없이 흐느끼는 울음이 귓가에 울려 퍼졌다. 일이 아니었다면 한 번도 마주칠 일이 없을 사람들과도 얽혀서 우호적인 관계를 맺어야 했다.

사회에서는 마음 맞는 친구하고만 선택적으로 인연을 이어갈 수는 없었다. 때로는 이해가 가지 않고 부당하다고 느껴져도 상사나 선배의 말에 고개를 끄덕여야 했고, 대화 방식이나 사고방식이 잘 맞지 않는 사람과도 융통성 있게 웃어가며 말을 건네야 할 때도 있었다. 그중 난이도 최상은 잘 맞지 않는 사람이 고객일 때였다. 무례한 손님일지라도 호텔리어로서 그 사람들을 똑같은 방식으로 대할 수는 없기 때문이다.

사람과 어울리며 마주하여 이야기 나누는 걸 좋아하는

나였지만, '내가 정말 사람과 대화하는 것을 좋아하는 게 맞을까?' 스스로 반문하기도 했다. 사람 때문에 힘들었지만, 웃게 한 것도 결국 사람이었다. 비수처럼 꽂히는 말도 있었지만, 사람들이 건넨 다정한 말 덕분에 사람을 좋아하는 마음을 간직할 수 있었다. 시간이 흐를수록 나랑 잘 맞지 않는 사람들과도 대화를 익숙하게 이어나가게 됐고, 마음 편하게 받아들이는 여유가 생겼다. 불편한 상황 속에서도 배울 점이 있었고, 별다른 노력 없이도 편안하게 대화가 이어지는 사람과의 만남 후에는 나도 누군가에게 그런 다정한 순간을 선물하는 사람이 되길 바랐다. 호텔리어로서의 시간은 이곳이 아니었다면 만나지 못했을 여러 사람을 통해 나란 사람을 깊이 되돌아보게 해준 선물이었다.

이 책에는 호텔에서 일하면서 자주 들은 말과 사람들에게 건넨 말, 그리고 호텔리어로서 성장해 나간 모습을 담았다. 1장에서는 호텔 클럽 라운지, 프런트에서 일하면서 겪었던 에피소드를 통해 화려해 보이는 호텔 직원들의 고군분투와 그 속에서 오고 갔던 뾰족한 말과 동그란 말을 이야기한다. 2장에서는 대부분 손님은 잘 모를 호텔 판촉 지배인의 하루하루를 말한다. 한 단계 더 단단해진 마음을 갖게 해준 호텔의 여러 부서와의 소통과 마찰 이야기에서 독자들도 작은 위로와 응원을 얻길 바란다. 3장은 호텔에 방문하는 손님들과 호텔리어들이 자주 하는 말과 행동을 담고 있다. 그 안에서 손님의 심리를 예상해보고 나의 몰랐던 마음도 함께 깨닫는다. 마지막 4장에서는 호텔에서 힘든 시기를 잘 버텨내고 마음속 여유와 다정을 잃지 않을 수 있었던 노하우를 담았다.

호텔이라는 특별한 배경에서 벌어진 일들이지만, 그것은 우리의 일상, 어느 근무 환경에서도 누구나 경험할 수 있는 이야기이다. 어디에서나 우리는 서로 말을 주고받으며 살아가고 있으니 말이다. 말 한마디에 울고 웃어가면서 하나씩 주어진 일을 해냈던 한 평범한 사람이 성장한 시간에서 독자들도 한 걸음 걸어 나갈 힘을 얻기를 희망한다.

Chapter 1
안녕하세요, 클럽 라운지 프런트 데스크입니다

Chapter 2
오늘부터 판촉지배인입니다

Chapter 3
손님, 더 필요하신 사항 있으실까요?

Chapter 4
호텔리어도 결국 사람입니다

Chapter 1

안녕하세요,
클럽 라운지
프런트 데스크입니다

호텔 총지배인을
감히 꿈꿨습니다

'이번 채용에서는 함께할 수 없음을 알려드립니다.'

'이대로 백조 생활 시작이구나.'

상반기 채용 시즌이 탈락이라는 소식과 함께 끝이 났다. 하반기에 다시 소설 같은 자기소개서를 쓸 생각을 하니 벌써 정신이 아득해졌다. 이번에 떨어진 이 호텔에, 다음번에 붙을 확률은 얼마나 될까? 지금보다 더 높진 않으리라는 것은 확신할 수 있었다. 졸업예정자의 신분일 때도 녹록지 않은 구직 활동이었지만, 기졸업자 신세는 더 처량했다. 3차 면접까지 거쳐 입사한 첫 회사였던 항공사를 6개월 만에 그만둘 때만 해도 호기로웠다. 어디든 나 하나 갈 곳이 없겠냐는 마음이었지만, 지금은 정말 없을 수도 있겠다는 슬픈 현실을 마주하고 있었다. 내가 앉아 있는 은행 창구 앞에 손님이 없어서 그나마 다행이었다. 항공사에서 퇴사하고 은행에서 인턴으로 일하면서 새로운 직장을 찾고 있었다. 은행 우수 인턴으로 뽑혀서 다음 하반기 은행 신입사원 공채 때 가산점을 받는 것은 차선책이었고, 이번 상반기 공채에서 마음에 드는 회사에 정규직으로 채용되는 것이 목표였다. 그런데 그 '마음에 드는 회사'에서 똑 떨어지고 말았다.

처음부터 호텔리어가 되는 것이 꿈은 아니었다. 어렸을 적부터 사람을 마주하며 이야기 나누기를 좋아했다. 정적인 사무실보다는 활동적인 환경에서 일하고 싶었다. 해외로 나갈 기회가 주어지는 일을 하고 싶었고, 다양한 문화권의 사람들과 교류하면서 한 번뿐인 인생을 다채롭게 그려나갈 수 있기를 바랐다. 대학 졸업과 동시에 나의 바람이 충족될 거라 기대했던 항공사에 입사했다. 신입사원이면 누구나 3년 정도는 사무실이 아닌 현장에서 일하면서 고객 접점에서 서비스를 익혀야 했고, 난 공항 근무를 희망했다. 하지만 희망과는 달리 고객센터로 배치되었고, 사람을 마주할 일 없이 정적인 공간에서 전화로만 업무를 봐야 했다. 나의 바람은 부서 이동이 가능해지는 최소 3년 후로 미뤄졌고, 그 이후에도 원하는 대로 된다는 보장은 없었다.

바람이 좌절된 만큼 일은 더 힘들게 느껴졌고, 전화로 전해지는 날카로운 말들에 매일매일 상처받기 일쑤였다. 동기들과 점심을 먹다가 갑자기 다 같이 눈물을 흘리고, 퇴근 후 집 앞에 있는 놀이터 시소에 쭈그리고 앉아 마중 나온 엄마를 부여잡고 어린애처럼 울었다. 이런 날들이 반복되면서 몸도 마음도 지쳐갔고, 결국 퇴사를 선택했다. 호텔 프런트라면 사람과 대면해서 서비스를 제공하는 일이니 내 적성에도 잘 맞고, 짧은 경력이지만 항공사의 서비스 업무와 은행에서의 대면 경험이 취업 시에도, 실제 근무를 할 때도 도움이 될 거라 여겼다. 게다가 국내뿐만 아니라 해외 시장에서도 적극적으로 호텔을 운영할 것으로 보이는 회사였기에, 이후에 해외에서 일하고 싶은 바람도 노력 여하에 따라 충분히 이룰 수 있었다.

그런데 믿었던 곳에서 탈락 소식을 접하다니. 나는 현실을 부정하기 시작했다. 면접은 잘 본 것 같은데 뭐가 문제였을까? 역시 첫 회사를 너무 빨리 그만둔 게 문제였을지도 모른다. 합격한 사람 중에 누군가 입사하지 않으면 내가 추가 합격할 수도 있지 않을까? 이렇게 취업이 어려운 시기에 누가 입사를 하지 않겠냐마는, 혹시 어떤 능력자가 여러 군데 합격했을 수도 있잖아? 가능성 높지 않은 헛된 희망까지 품고는 애꿎은 휴대전화만 쳐다보았다. 마치 인사 담당자가 지금 당장 전화라도 할 것처럼. 합격자 발표

날 오후가 어떻게 흘러갔는지 모르겠다. 아무 생각도 하고 싶지 않았고, 앞으로 어떻게 하겠다 따위의 계획은 나와 상관없다는 듯이 잠자리에 들었다. 내일 이 기분으로 또 창구에서 손님을 웃으면서 마주해야 한다니 잠들고 싶지 않았다. 자고 나면 내일 아침이 오고, 그러면 또 출근해야 하니까.

하지만 어쩔 도리 없이 다음 날 아침에도 창구에 앉아 업무를 보고 있었다. 탈락한 이 마당에 인턴 일까지 망칠 수는 없는 노릇이었다. 은행 우수 인턴으로 뽑혀서 다음 공채 시 가산점을 받아야 하는 차선책이 최선책이 된 현실을 받아들여야 했다.

"지이이잉~"

휴대전화 진동 벨이 울렸다. 모르는 번호였다. '이 시간에 전화 올 일이 없는데.' 의아해하던 찰나, 심장이 두근거리기 시작했다. 탈락 소식을 접했을 때 미친 생각이라며 나조차도 어이없어했던 '추가합격 발표의 가능성'이 다시 머릿속을 가득 채웠다. 몇 번의 진동이 울리는 동안 도둑고양이처럼 살금살금 탕비실로 향했다. 불길한 예감은 꼭 들어맞는다지만 '왕자와 공주는 오래오래 행복하게 잘 살았답니다.'와 같은 해피 엔딩도 가끔 현실이 될 때가 있다더니, 정말로 금동아줄 같은 추가합격 전화였다. 당사에 입사하시겠냐는 그 말이 어찌나 달콤하고 기쁘던지 탕비실 박스 위에 쪼그려 앉아 조용히 목소리를 낮추고 받고 있었지만, 서류 더미와 상자가 어지럽게 수북이 쌓여 있는 탕비실조차 새삼 근사해 보였다. 입사를 포기한 그 누군가의 미래도 희망차고 밝기를, 그 사람의 앞날까지 응원했다.

신체검사부터 오리엔테이션, 그리고 이어지는 신입사원 연수와 교육까지 정신없이 바쁜 시간을 보냈지만, 하루하루 꽉 차게 즐거웠고 행복했다. 내가 바라던 조건을 갖춘 직업과 직장을 찾아서 감사했고, 그동안 재취업을 준비하면서 마음고생 했던 시간이 벌써 아득해졌다. 같이 합격한 동기들과도 사이가 좋았고, 매일 웃고 즐기다 보니 어느덧 교육 마지막 날이 가까웠다. 프런트로 지원을 했지만, 절차상 인사팀과 부서 배치 면담이 있었고, 다시 한번 프런트에서 일하고 싶은 마음을 확고히 전했다. 다행히 변수 없이 프런트로 발령이 났고, 상상 속 나는 이미 유니폼을 입고 호텔 대리석 바닥 위를 또각또각 거닐고 있었다. 어깨와 등을 곧게 펴고 턱은 너무 높지 않게 들고, 살짝 입꼬리를 올린 표정을 유지하며 손님들에게 싱긋 미소를 건네는 호텔리어의 모습을 그렸다.

교육 기간에 호텔에서의 커리어 패스를 생각해보고 글로 쓰는 시간이 있었다. 앞으로 있을 부서 이동이 모두 원하는 대로 된다는 보장은 없었지만, 그래도 희망 사항을 적는 건 자유니까, 호텔리어로서 어떤 생각과 계획을 하고 있는지 알릴 수 있는 기회니까, 프런트에서 호텔리어로서 첫발을 내디딘 이후에 어떤 부서를 가면 좋을지 썼다 지웠다 하염없이 반복했다.

'이대로면 이곳에서 내 일의 미래는 탄탄대로겠구나.'

피식 웃음이 새어 나왔다. 어떤 목표를 세우다 보면 사람들이 쉽게 간과하는 것이 있다. 그 목표를 이루어 가는 과정에서 필연적으로 겪어야만 하는 힘든 인고의 시간이 그러하다. 나도 즐거운 상상 속에 굳이 회색빛의 고충은 담지 않았다. 대신 '어느 부서에서 어떤 경력을 쌓고 무엇을 이루었다.'와 같이 이루어 내고 싶은, 나를 호텔리어로서 반짝반짝 빛내 줄 성취를 한가득 담았다. 그렇게 쓰다가 한 글자 한 글자 눌러쓴 한 문장이 지금까지 유독 기억이 난다.

'체인 호텔의 총지배인이 되었다.'

그날 처음 호텔 총지배인을 감히 꿈꾸었다. 기분 좋은 꿈, 새내기 호텔리어로서 열정이 가득한 꿈이었다.

첫 홀로서기 날의
악몽

수능 시험 전날은 수험생들의 예비 소집일이다. 어떤 아이들은 수험표만 받고 집으로 돌아가기도 했지만, 나는 배정 받은 시험장에 미리 가서 골목길 구조도 파악하고, 학교의 정문은 어디인지 확인했다. 그리고 시험 당일에도 여유 있게 도착하여 입실하기 전에 부모님과 함께 차 안에서 아직 하늘에 떠 있는 달을 보며 긴장감을 떨쳐보려 했다. 이런 성격은 시간이 지나도 여전했다.

특급 호텔에는 대부분 클럽 라운지가 있는데, 해당 라운지 이용 혜택이 포함된 객실을 클럽 객실이라고 부른다. 클럽 라운지에서는 조식 뷔페뿐만 아니라 애프터눈티, 그리고 해피아워를 운영하고 있어서 투숙 기간에 시간마다 이용할 수 있고, 손님들의 간단한 점심 저녁 식사 대용이 되기도 한다. 클럽 객실은 고층에 배치되어 있어서 전망도 좋고 라운지 혜택까지 포함되어 있다 보니, 객실 요금도 일반 객실에 비해 높다. 그리고 별도로 마련되어 있는 클럽 투숙객 전용 프런트 데스크에서 호텔과 관련된 모든 요청을 처리해 주기에 손님들의 만족도가 높다.

클럽 라운지 데스크에는 보통 오전 6시 30분부터 일하는 오픈조 1명과 오전 8시에 출근하는 오전조 1명, 그리고 오후 1시에 오후조 2명이 출근했다. 체크인 손님이 많은 날이거나 특별한 행사가 진행되는 기간에는 중간조 1명을 더 배치하기도 했다. 나는 이제 갓 입사한 신입사원이었기에 혼자서 한몫을 할 수 없었고, 주로 오픈조 직원 1명과 함께 일을 시작했다.

클럽 라운지는 3교대를 하는 1층 로비 프런트와는 달리 밤 10시부터 오전 6시 30분까지는 운영을 하지 않기 때문에, 해당 시간에는 로비 프런트의 야간조가 호텔 전체 투숙객의 서비스를 담당했다. 그래서 오픈조는 운영시간 전에 미리 여유 있게 출근하여 야간조에게 클럽 객실 투숙객에 대한 인계 사항을 전달받았다. 그다음 클럽 라운지로 올라가 당일 신문 세팅부터 홀과 계단의 조명 켜기, 컴퓨터 켜기 등 6시 30분에 라운지 문을 엶과 동시에 손님을 바로 맞이할 수 있도록 모든 사전 준비를 해놓아야 했다.

나는 처음부터 오픈조 스케줄로 교육을 받았다.

여태껏 신입사원이 바로 클럽 라운지에서 일을 시작한 적은 없다고 했다. 어찌 된 영문인지 나는 예외가 적용된 첫 번째 사례였고, 그 예외적인 시도를 성공적으로 만들어 인정받고 싶었다. 퇴근 후 집에서도 여러 체크인, 체크아웃 상황을 설정해서 롤플레잉을 하며 연습했다. 그 외에도 컴퓨터 시스템을 익히고, 각종 호텔 객실 프로모션 상품의 혜택과 유의 사항을 달달 외웠다. 부서 배치를 받고 그렇게 한 달이란 시간이 빠르게 흘러갔다.

"이제 혜수도 혼자서 오픈할 수 있겠는걸. 다음 스케줄부터는 오픈조로 일해보자."

"네…."

예상보다 이른 홀로서기 통지였다. 웃는 것도, 우는 것도 아닌 우스꽝스러운 표정과 함께 모기만 한 목소리가 내게서 흘러나왔다.

다른 직원의 도움 없이 홀로 오픈을 하는 날이 오고야 말았다. 그날은 규모가 큰 관광 분야의 행사 참석자들이 체크인을 시작하는 날이었다. 수험생의 마인드로 미리 차분히 준비하기 위해 오픈 시간보다 1시간이나 일찍 도착하여 1층 프런트에 인계를 받으러 갔다. 야간조 매니저는 시계와 나를 번갈아 쳐다보았다.

"오, 혜수. 왜 이렇게 일찍 왔어?"

"혼자서 처음 오픈하는 날이라서 미리 준비하려고 일찍 나왔어요."

"그래, 혼자서는 처음 일하는 거라 긴장되겠다. 오늘 파이팅!"

매니저는 고개를 끄덕이며 살짝 미소를 띠었다.

야간조의 응원과 격려에도 불구하고 콩닥거리는 심장 소리는 계속 귓가에 울려 퍼졌다. 인계 사항이 적힌 일지와 라운지 열쇠를 손바닥에 자국이 날 정도로 꽉 움켜쥐고 발걸음을 옮겼다.

클럽 라운지로 올라가는 동안 머릿속으로 도착하자마자 해야 하는 일들을 그렸다. 띵, 엘리베이터 문이 열림과 동시에 빼꼼 얼굴을 내밀고 굳게 닫힌 라운지 문 앞에 어떤 인기척도 없는 걸 확인했다. 그제야 참았던 숨을 터뜨렸다. 조용히 문을 열고 들어가서 다시 문을 닫았다. 라운지 안의 불을 하나둘씩 켜고 여러 대의 컴퓨터 전원 버튼을 차례대로 눌렀다. 로딩되기까지 제법 시간이 걸려서 먼저 켜 놓고 다른 필요한 일들을 시작했다. 카펫을 스치는 내 발걸음 소리와 컴퓨터가 부팅되는 기계음만이 울리는 적막함에 익숙해질 무렵, 문 바깥에서 사람을 찾는 소리가 들렸다.

"아가씨?"

"아가씨!"

아무도 대답하지 않자, 이전보다 좀 더 큰 목소리로 누군가를 찾았다. 누군가가 '설마 나일까?'란 의문이 '역시 나였구나.'란 확신으로 바뀌는 데는 오래 걸리지 않았다. 문을 여니 VIP 손님 영접을 담당하는 당직 지배인 옆에 생전 처음 보는 외국인이 커다란 가방과 함께 푸석푸석한 얼굴로 서 있었다. 막 도착해서 혼자 분주했던 나는 아직 컴퓨터 화면의 체크인 시스템은 켜지도 못한 상태였다.

신입사원이지만 엄연히 직원인데, 같은 직원으로부터 '아가씨'라는 호칭을 듣게 될 줄은 몰랐다. 기분은 나빴지만, 그걸로 왈가왈부할 겨를이 없었다.

"아직 클럽 라운지 오픈 시간이 아닌데요."

잘못한 것도 없는데 마치 죄지은 것처럼 기어들어 가는 목소리가 심장 펌프질 소리에 묻힐 정도였다. 당직 지배인은 살짝 얼굴을 붉히며 나를 타박하듯이 말했다.

"1층 프런트에서 라운지 오픈 일찍 한다고 모시고 올라가라고 하던데, 이렇게 준비도 안 된 상태면 어떡해요."

답답해하는 지배인의 모습에 안 그래도 이미 구겨진 화선지 상태였던 멘탈은 기어코 과자 부스러기가 되어 버렸다.

맙소사. 맙소사. 일찍 출근한 신입사원의 자세를 따뜻하게 바라봐 준 야간조의 미소가 떠올랐다. 도대체 '미리 준비하려고 일찍 출근했어요.'라는 말이 어떻게 '오늘은 클럽 라운지 오픈을 일찍 하려고요.'로 전달되었던 걸까. 응원의 미소는 나의 착각이었던 걸까. 단지 한 시간이나 먼저 일을 시작하려는 신입사원의 열정과 패기에 놀란 웃음이었을까. 누구 탓을 하고 있을 시간이 없었다. 어찌 됐든 의사소통에 문제가 생겼고, 그걸로 인해 손님이 피해를 봐서는 안 되니까.

새어 나오는 하품을 참으며 코를 찔끔거리는 이 외국인이 VIP라는 건 직감적으로 알 수 있었다. 오픈 시간 전이라고 다시 1층으로 내려보냈다가는 첫 단독 오픈 날부터 컴플레인을 받은 신입사원으로 남을 게 분명했다. 재빨리 체크인 시스템을 켜고 시스템이 켜지는 동안 손님의 여권을 받아 이름을 확인한 후 서랍장에서 그의 이름이 인쇄된 체크인 등록카드를 찾아냈다. 무겁지도 않은 종이 한 장이었을 뿐인 등록카드를 든 내 손이 제멋대로 떨렸다. 일러도 많이 이른 시간의 체크인이었지만, 머릿속에는 빨리 이 손님을 객실로 들여보내야겠다는 생각뿐이었다.

"큼." 당직 지배인의 헛기침 소리.

"아직 멀었나요?"

재촉하는 이 말이 그때는 어찌나 야속하던지 대꾸도 하

지 않고 곁눈질로 흘깃 보고는 서둘러 손님의 객실을 배정했다. 시간이 지체되긴 했지만, 객실 키를 받자 손님은 별다른 말을 덧붙이거나 표정 변화 없이 당직 지배인을 따라 엘리베이터로 이동했다. 라커룸에서 촉촉하게 발랐던 립밤이 어느새 메말라 입술이 따가웠다. 활짝 열린 클럽 라운지 문 뒤의 나는 마치 망망대해의 작은 섬에서 빠져나갈 나무배 하나 없이 주변에 혹시나 위험한 동물이라도 튀어나올까 경계하는 사람의 모습이었다.

"무슨 일 있었어? 안색이 창백한데?"

몇 시간 후 오전조로 출근한 매니저가 내 얼굴을 보며 걱정스럽게 물었다.

"아… 아니요. 그게."

마치 고자질하는 어린아이가 되고 싶지는 않아서 우물쭈물하다가 벌어진 상황을 얘기했다.

"잠깐 사무실 들어가서 쉬고 와. 데스크는 내가 맡고 있을게."

사무실 의자에 털썩 주저앉고 나서야 긴장이 풀려 눈물이 흘러나왔다. 티슈 뽑는 소리와 코 푸는 소리, 가끔 후, 내뱉는 내 숨소리만이 혼자 있는 사무실을 가득 채웠다.

그날 매니저는 퇴근 전에 1층 프런트로 내려가서 어떻게 된 일인지 자초지종을 듣고 아마도 "애가 얼굴이 새파랗게 질려 있었다."와 같은 이야기를 전하신 모양이었다. 그리고 다음 날 야간조는 미안했다고 일찍 오픈하는 걸로 착각했다고 말씀해 주셨다. 한참 선배인 분들이 사과의 마음을 전해준 덕분에 그 일이 조금은 희미해진 기분이었다.

첫 홀로서기는 계획대로 되진 않았다. 멋들어진 그림을 그리지 못하고 눈물로 얼룩져 군데군데 형체를 알아볼 수 없는 부분도 생겼지만, 위기 상황에서도 혼자 버텨냈다는 사실이 마음 근육을 단단하게 만들었다. 모든 일이 변수 없이 흘러가기를 바라지만, 안타깝게도 예측하지 못한 일은 언제 어디에서나 우리와 함께한다. 변수를 극복하는 과정에서 성장하는 게 그나마 다행이랄까. 이날의 경험 덕분에 그 이후로는 예상치 못한 일에도 덜 당황했고, 순간적으로 휘몰아치는 불안한 감정의 동요에서 덜 흔들릴 수 있었다.

유니폼의 무게감,
저 신입사원인데요?

　프런트 직원들은 정해진 유니폼을 입는다. 호텔리어 하면 떠올렸던 유니폼을 맞추고 입어보니, 대학교 시절 학과 잠바를 처음 입었을 때처럼 설렜다. 예상보다 조금 크고 헐렁한 느낌이 들어 거울 앞에 서서 수십 번도 더 앞으로 봤다가 뒤로 봤다 옷태를 확인하며 '좀 더 줄여야 하나. 그냥 입을까.' 고민하는 건 대학생일 때나 직장인일 때나 똑같았다.

　'와, 나도 이제 어엿한 호텔리어다.'

　하지만 이때는 잘 알지 못했다. 찰나의 설렘이 지나면, 유니폼에는 무한한 책임이 깃든다는 것을. 첫 홀로서기 사건은 유니폼을 입는다고 저절로 호텔리어가 되진 않는다는 걸 알게 해준 신고식이었다. 그날 이후, 변수는 호텔리어가 짙어지고 가야 할 숙명임을 머리로는 받아들였지만, 행동은 아직 그러질 못했다.

유니폼을 입고 있는 한 고객에겐 난 '뭐든 물어보면 해결해드려요.' 명찰을 써 붙인 호텔의 직원이었다. 입사한 지 얼마 안 된 풋내기인지는 그들에게 중요하지 않았다. 그래서 웬만해서 근무 중에는 직원용 통로로 다니고, 다른 현장 부서에 협조를 구하기 위해 손님이 바글바글한 로비를 거쳐야 할 때는 최대한 사람들을 쳐다보지 않고 허공에 시선을 둔 채 잰걸음을 바삐 옮겼다.

'너는 나를 봤을지언정 나는 너를 못 봤다.'는 자세로 눈을 마주치지 않으려 30도 정도 고개를 수그려 로비의 대리석 바닥만을 물끄러미 응시하기도 했다. 치마폭이 좁아 종종걸음으로 걷는 난, 마치 뒤따라오는 선수를 경계하는 경보 선수와 흡사했다. 퇴근 후 라커룸에서 유니폼을 벗고 옷을 갈아입고 나면 해방감과 안도감마저 들었다. 순간순간만 잘 모면하면 될 것 같았다. 내 할 일을 잘하면 된다고 생각했고, 나에게 '내 할 일'의 범위는 '클럽 라운지 프런트 데스크 안'이었다.

어느 날 이런 내 태도가 무척이나 부끄러워진 일이 생겼다. 홀가분한 마음으로 직원들과 인사를 나누며 1층 프런트를 거쳐 퇴근하던 중이었다.

"혜수, 이제 좀 업무에 익숙해졌어?"

1층 프런트 라인에서 등록카드를 정리하던 매니저가 물었다. 근무 스케줄이 엇갈려서 많이 뵙지 못했는데, 근무 중에 본인 일은 물론이거니와 후배들도 잘 챙겨주는 친절한 분이라고 익히 들어왔다. 안 그래도 잘 보이고 싶었고 친해지고 싶었는데, 먼저 말까지 걸어주시니 살짝 들뜨는 기분이었다. 그런 찰나에 다음 질문이 이어졌다.

"1층 조식 뷔페 언제부터 오픈하지?"

쿵, 심장이 내려앉는 소리와 함께 말문이 막혔다. 나의 어색한 웃음소리만이 침묵을 갈랐다.

"이건 기본적으로 알고 있어야 해."

매니저는 희미하게 보일락 말락 한 미소를 지으며 답을 알려주었지만, 그 미소는 기대가 실망으로 바뀐 순간에 '피식'하고 나온 헛웃음과 비슷해 보였다.

얼굴이 귀까지 붉어졌다. 클럽 객실 투숙객들은 1층 뷔페 레스토랑에서 아침 식사를 할 일이 거의 없기 때문에 별로 중요하게 생각하지 않았다. 조식만 운영하는 뷔페 식음업장도 아니고, 클럽 손님들도 얼마든지 별도 비용을 지불하고서 이용할 수 있는 곳인데도 '내가 그 정보를 알려줘야 할 일은 별로 없을 거야.'라고 단정 지었다. 클럽 라운지에서 하는 업무는 잘 익혀 나가고 있으니, 호텔 전반에 대한 지식이 부족한 것은 크게 개의치 않았다. '내 할 일'은 잘하고 있으니까.

'신입이니까 잘 모를 수도 있지.'

'클럽 손님들은 어차피 라운지에서 조식 드시는걸.'

'아, 찍혔으려나. 어떡하지.'

'그래, 호텔 직원이 그것도 프런트에서 일하면서 충분히 받을 수 있는 질문인데. 내가 나중에 후배한테 물어봤는데 모르면 답답하긴 하겠다.'

마음속에서 핑계와 변명, 후회와 자책이 갈피를 못 잡고 쏟아져 나왔다. 그리고 인정할 수밖에 없었다. 로비에서 그리 종종거리며 앞만 보고 질주했던 건, 손님들의 질문에 유연하게 대처할 자신이 없었기 때문이라는 걸.

그날 이후, '내 할 일'의 범주는 이전보다 넓어졌다. 적어도 이 호텔과 관련해서 고객이 프런트 직원에게 물어봄직한 질문에는 자신 있게 대답할 수 있도록 말이다. 내가 안내한 사항에 책임을 질 수 있을 정도의 자신감을 느끼기 위해 외웠고, 혹여 잘못 외웠을까 또 확인했다. 변경되는 사항들을 그냥 지나치지 않고 업데이트하면서 그렇게 유니폼이 주는 무게감에 익숙해졌다. 유니폼을 입은 채로 호텔을 거닐어도 더 이상 불안하거나 두렵지 않았다. 내 시선은 고객을 향했고, 혹시나 고객이 무언가를 찾고 있는 표정이면 먼저 다가가 물어보는 여유도 생겼다.

그리고 다행히, 옅은 미소를 띠었던 매니저는 그 일을 대수롭지 않게 여겼다. 이후에 근무 스케줄이 겹치면서 더 가깝게 지낼 수 있었는데, 그냥 나 혼자 도둑이 제 발 저려 몇 날 며칠을 끙끙거린 셈이었다. 세상의 수많은 선배님께 말씀드린다.

'모르셨죠? 신입은 그런 소소한 일에도 걱정이 태산 같다는 걸요.'

손님으로 호텔에 가거나 식당, 카페에 갔을 때 신입으로 보이는 직원이 손님의 요청이나 질문에 쩔쩔매는 장면을 마주하기도 한다. 간혹 그 질문을 한 사람이 내가 될 때도 있는데, 그럼 나는 어느새 수년 전으로 돌아가 유니폼을 입고 데스크 앞에 서 있는 나를 떠올리곤 한다. 떨리는 마음을 생글생글 웃으면서 감추느라 더 긴장되었던 초보 호텔리어 시절. 그러고는 세상에서 제일 인자한 표정을 지으려고 노력하면서 신입 직원을 기다려 주고 그가 선배에게 물어 답을 알려주면 "감사합니다."라는 말을 잊지 않고 덧붙인다. 나의 이 한마디가 차곡차곡 쌓여 그 직원이 자신이 입은 유니폼의 무게에 짓눌리지 않고 고객과 자신 있게 눈 맞춤할 수 있기를 바라면서 말이다.

보이지 않는 곳에서
일하는 사람들

프런트에서 일할 때 나는 늘 밖으로 보이는 사람이었다. 호텔을 방문하는 수많은 고객과 직접 마주하기에 프런트 직원의 업무 및 서비스 숙련도와 인상은 호텔의 이미지와 연결되기도 한다. 그러다 보니 여러 컴플레인을 받기도 하지만, 그만큼 칭찬과 감사의 말이나 편지도 고객에게서 직접 듣고 받는다.

"객실에서 편안하게 머물고, 음식도 정말 맛있고. 덕분에 즐겁게 지냈어요."

고객의 말은 나에게만 전해지지만 나는 안다. 고객이 느낀 편안함은 나 혼자만의 노력이 아니라 호텔의 보이지 않는 곳에서 일하는 분들이 함께 애쓴 덕분이라는 걸. 영화배우 황정민의 어떤 수상소감처럼 나는 그저 '다 차려진 근사한 식탁 위에 밥숟가락을 놓았을 뿐'이라는 걸 말이다.

호텔 하면 넓고 쾌적한 전망 좋은 객실이 가장 먼저 떠오른다. 구김 없이 쫙 펼쳐진 침대 시트의 보송보송함과 코끝을 간질이는 은은한 비누 향기, 적절한 습도와 청량감 넘치는 시원한 기운이 살을 보드랍게 감싼다. 투숙객이 처음 방 안으로 들어와 탁 트인 전망을 마주하면서, 낮이라면 따스한 햇살을 느끼고, 밤이라면 불빛이 수놓은 반짝이는 야경을 바로 감상할 수 있도록 열려있는 커튼까지. 객실 청소를 해주시는 여사님들의 분주한 손과 발이 만들어 놓은 매일 매일의 작품이다. 하지만 나도 호텔에서 일하기 전까지는 그 과정을 떠올리진 못했다. 호텔 방의 깨끗함과 안락함은 누군가의 피땀 어린 수고에서 비롯된 것임을 깨닫지 못한 것이다.

간혹 손님이 체크인을 기다리는 시간이 좀 많이 지체되어 빠른 확인이 필요한 경우에는 시스템에서 청소 완료 사인이 뜨길 기다리거나 하우스키핑에 전화로 파악하기보다는 직접 객실로 청소 상태를 확인하러 가기도 했다. 방문이 열려있고 방문 앞 복도에는 청소에 필요한 도구와 객실 내에 비치할 물품들이 가득한 카트가 세워져 있었다.

"여사님, 아무도 안 계세요? 청소가 다 됐는지 확인하러 왔습니다."

고개를 빼꼼 내밀고 방 상태를 확인하니 내가 보았을 때는 손님이 체크인해도 될 상황이었다. 그래도 완전히 마무리된 건지 확실히 하기 위해 복도 쪽과 문이 열려있는 또 다른 객실 쪽으로 고개를 기웃거리며 여사님을 찾았다.

"어머, 뭐 필요하신가요?"

옆방 화장실 청소를 하느라 여념이 없던 여사님이 인기척을 느끼고 돌아봤다. 그녀의 콧잔등과 이마에는 땀방울이 송골송골 맺혀 있었고, 굽힌 등을 채 펴지도 못하고 한 손으로는 사용한 수건들을 커다란 봉지 속에 넣고, 다른 한 손으로는 펼쳐져 있는 헤어드라이어를 정돈하기 시작했다.

"안녕하세요. 여사님, 다른 게 아니라 옆방 청소가 다 된 것 같던데, 손님 체크인해도 되는 거죠?"

"아, 네! 방금 다 끝났어요. 아이고, 확인하려고 직접 오셨구나. 손님 들어가셔도 돼요."

"감사합니다. 너무 바빠서 정신없으시죠. 그럼 가보겠습니다."

바쁜 와중에도 내가 직접 내려온 게 미안한 듯한 웃음을 지으셔서 괜히 나도 미안해졌다. 시간이 흘러 문득 이런 생각이 들었다. 이날의 미안함은 서로의 노고에 대한 인정과 애잔한 마음이었으리라.

내가 일하는 클럽 라운지 층에도 적지만 객실이 있고, 두 명의 여사님이 객실, 그리고 클럽 라운지와 데스크 쪽 청소를 담당했다. 그러다 보니 근무 중에 자주 마주쳤고, 잠깐씩 이야기도 나눌 수 있었다. 한창 체크인이 몰리던 시간이 지나고 잠시 한숨 돌리고 있을 때 여사님이 라운지 쪽으로 들어왔다. 여느 때와 마찬가지로 서로 눈웃음을 지으며 고개를 살짝 숙이면서 인사를 나눴다.

"아까 체크인 때 엄청 바빴죠? 힘들겠어요."

"하하, 아니에요. 이제 좀 괜찮아졌어요. 여사님도 체크아웃하는 객실 많아서 정신없으셨죠."

"그래도 이 층은 객실 수가 적어서 좀 나아요. 다른 층은 더 바쁠 거예요. 한 층에 두 명인 건 똑같거든요."

"어머, 그래요? 그렇지 않아도 지난번에 다른 층 갈 일 있어서 다녀왔는데, 쉴 틈 없이 날아다니시더라고요. 그래도 이 층은 라운지 있고 회의실도 있다 보니 신경 쓸 게 또 많죠. 늘 깨끗하게 해 주셔서 감사드려요."

"아유, 뭘요. 제가 할 일인 걸요."

손사래를 치며 수줍게 웃으시는 여사님의 얼굴이 문득문득 떠오른다. 보이지 않는 곳에서 묵묵히 일하시면서도 감사하다는 말을 받는 게 영 익숙지 않았던 분들. 고객의 편안함은 갑자기 어디서 뚝 떨어진 결과물이 아니라, 내가 알지 못한 곳에서 여러 손이 분주히 움직인 덕분이라는 것을 알고 난 후의 나는 이전과 같을 수 없었다. 눈 앞에 펼쳐진 모습의 반대편을 생각할 줄 아는 사람이 되었다.

유난히 바닥이 매끈하고 깔끔한 식당이나 시설들, 기대했던 것보다 깨끗했던 건물의 화장실, 화려한 꽃장식과 샹들리에가 반짝이는 결혼식장에 발을 내디딜 때면 겉으로 드러나는 화려함과 안락함에 감탄하기도 하지만, 그걸 이루어 내기 위한 누군가의 노고가 먼저 보인다. 비 오는 날 마땅히 해 먹을 게 없고 나가기도 귀찮아서 음식을 배달시킬 때, 먹음직스런 음식보다도 빗속을 뚫고 달리는 배달 기사가 먼저 떠오른다. '시키지 말까?'와 '아냐, 비 온다고 안 시키면 가게 운영은 어떻게 해?'의 갈등 사이에서 대부분 나의 편의를 위해 배달 음식을 시키곤 하지만 말이다.

그래도, 호텔리어로서 보낸 시간 덕분에 '감사합니다.' '덕분에 너무 잘 먹었어요.'처럼 어렵지 않지만 어색해서 인색했던 말에 익숙해졌다. 또, 호텔에 투숙하고 체크아웃하러 가기 전엔 방이 너무 어질러져 있지는 않은지 확인하고 조금이라도 정돈하고 나온다. 설거짓거리가 생각보다 적을 때 왠지 모르게 마음이 가벼워지는 것처럼, 여사님들이 객실 문을 열었을 때 생각보다 치울 게 많지 않네? 라는 아주 작은 기쁨이라도 느끼길 바라는 마음에서.

"그분들도 다 월급 받잖아요. 월급 값인걸요."

누군가는 이렇게 말할지도 모르겠다. 맞는 말이다. 그런데 돈을 냈으니 당연하다고 생각하기보다 조금만 더 따뜻한 시각으로 일하는 사람들을 바라본다면, 언젠가는 보이지 않는 곳까지 그 따스함이 전해지지 않을까? 우리는 고객이면서 동시에 누군가에게는 서비스를 제공하는 사람이 되기도 한다. 따라서 언젠가는 그 따스함이 돌고 돌아 우리에게 올지도 모르는 일이다.

웃긴 궁금증이 생긴다. 요리사들은 막상 집에서는 요리하는 걸 싫어하고, 밖에서는 항상 남을 웃기는 개그맨들이 집에서는 과묵하다고 하는데, 청소의 달인인 여사님들은 과연 어떨까? 집 청소도 그렇게 빠르고 깔끔하게 웃으면서 하실까?

내국인들이 왜 관광지도 아닌
서울 시내 호텔에 투숙할까?

5살 무렵부터 고등학생이 되어 다른 동네로 이사를 하기 전까지 쭉 살던 아파트 앞에는 큰 호텔이 있었다. 하지만 한 번도 그 호텔에 투숙해본 적은 없다. 종종 엄마가 호텔 베이커리에 들러 내가 좋아하는 피칸 파이를 사다 주었던 기억만이 남아 있을 뿐이다. 집이 바로 지척인데 이렇게 편한 집을 두고 굳이 그 호텔에 머물 필요성을 못 느꼈다.

"엄마, 나 이번 주말에 주아(가명)랑 놀아도 돼?"

"주아네는 호텔에 놀러 간다는데? 다음 주에 학교 끝나고 놀자고 하자."

"다른 도시로 여행 가나 보네."

"응? 아니, 서울. 그냥 주말 동안 쉬러 가는 거 같아."

"집이 여긴데, 왜 가지?"

초등학생 때 소꿉친구네 가족이 주말 동안 집과 멀지 않은 호텔에 머물 거라는 이야기를 들었을 때도 의아했다. 그 당시에는 호캉스라는 말도 없었고, 어린 내게 호텔은 다른 도시나 나라로 여행을 갔을 때 머무는 곳이었다. 그렇기에 서울에 있는 호텔은 밥이나 빵을 먹으려는 가도 자러 가는 곳은 아니었다.

물론 지금은 호캉스를 좋아한다. 2000년대 들어 호캉스라는 신조어가 사람들 사이에서 조금씩 퍼지기 시작했고, 2010년대에는 보다 더 대중적인 트렌드로 자리매김했다. 요즘에는 사람들이 주말이나 공휴일, 명절 연휴에 교외나 다른 도시까지 멀리 가지 않고, 근처 호텔에서 쉬면서 시간을 보내는 경우도 많다. 코로나19로 인해 해외여행이 쉽지 않았을 시기에도 호캉스는 내국인들이 휴가를 즐길 수 있는 인기 있는 선택지였다. 이처럼 시대가 바뀌고 호텔리어로 일하면서 내 생각도 유년 시절과는 많이 달라졌다.

수요가 늘면 공급도 늘어나기 마련이다. 여러 호텔은 제각각 손님들의 구미를 당길 매력적인 객실 패키지 상품을 내놓았고, 적극적으로 홍보하여 손님을 끌어당겼다. 힐링이 주제라면 호텔 내 스파 이용권을 제공하고, 어린아이를 동반한 가족 대상으로는, 일시적으로 키즈 라운지를 만들기도 하고 객실 안에 유아 텐트를 설치하기도 한다.

인기 있었던 패키지 중에 'Ladies' night'이라는 상품이 있다. 타깃 대상은 여성들이었고, 호텔에 투숙하는 동안 객실에서 그들만의 파티를 즐길 수 있는 콘셉트로 만들어졌다. 워낙 잘 팔렸던 상품이라 그 뒤로도 이름만 조금씩 바꿔서 후속 상품을 줄지어 내놓았다. 노래방 사이키 조명처럼 불이 켜지는 블루투스 스피커, 필름이 포함된 폴라로이드 즉석카메라, 와인 등 시즌마다 다양한 물품이 포함됐다.

그 당시만 해도 블루투스 스피커가 지금처럼 보편화되진 않았을 때라 작동법을 잘 모르는 손님이 있었고, 종종 클럽 라운지 데스크로 관련 문의 전화가 오곤 했다.

"000호인데요. 블루투스 스피커 연결했는데도 소리가 안 나네요."

"네, 고객님. 제가 지금 객실로 가서 확인해도 괜찮을까요?"

기기를 잘 다루는 것과는 거리가 멀었기 때문에 손님이 전자기기나 IT 관련해서 물어볼 때마다 늘 가슴이 콩닥콩닥 뛰었다. 혹시 문제가 잘 해결되지 않으면 그냥 다른 스피커로 교체할 요량으로 창고에서 작동이 잘 되는 다른 스피커 하나와 새 건전지를 꺼내 들고 객실로 향했다.

"딩동"

문이 열리고 검은색 칵테일 미니 드레스를 입은 여성이

안으로 들어오라며 공간을 만들어 주었다. 멈칫, 예상치 못한 의상에 잠시 주춤했지만 내색하지 않고 미소를 띤 채 종종걸음으로 들어갔다. 방에는 두 명이 더 있었는데, 한 명은 튜브톱 드레스를, 다른 한 명도 평소에는 입을 일 없을 것 같은 하늘하늘한 드레스를 입고 있었다.

'와, 저 드레스는 오늘을 위해 준비해 오신 건가. 40대 중반은 되어 보이시는데….'

파티를 즐기라고 만든 패키지 상품이긴 하지만, 내가 적잖이 당황한 것은 그들이 한창 모임을 즐길 20대가 아니라 40대로 보였기 때문이다.

'얼른 고치고 나가야겠다.'

화려한 드레스를 입은 그녀들의 당당한 모습에 어디에 눈길을 두어야 할지 갈피를 잡지 못했다. 다행히 블루투스 스피커는 건전지를 바꾸니 다시 잘 작동했다.

"오! 감사합니다. 어머, 조명 들어오니까 너무 좋다. 벌써 신난다."

그녀들의 설레는 마음은 솔 톤의 목소리, 입꼬리와 눈꼬리가 닿을 것만 같은 밝은 표정에서 그대로 드러났다. 순간 내가 40대는 화려하고 예쁜 드레스를 입는 건 좀 그렇지 않냐, 파티를 즐기는 건 젊은 사람들의 전유물이라는 편견을 갖고 있었다는 걸 깨달았다. 그녀들은 이미 일상에서 사회가 정한 '나이에 맞는 행동'이라는 틀에 맞게 지내느라 충분히 갑갑했을 텐데, 나까지 그런 시선을 보태었다는 게 부끄러웠다.

'그래, 즐기는데 나이가 무슨 상관이야. 나도 참 웃기네.'

그리고 잠시 일상에서 벗어나 그동안의 스트레스를 해소할 오늘이 그녀들에게 시간이 많이 흘러도 잊히지 않을, 오랜만에 친구들끼리 다시 만나 추억할 수 있는 즐거운 기억으로 남기를 바랐다.

"내 집이 제일 좋아."라는 말에 동의하지만, 가끔은 집이 아닌 낯선 곳에서 보내는 하루가 이렇게 여러 사람에게 좋은 에너지를 주기도 한다는 걸 이제는 잘 안다. 종종 다음 연휴 때 아이를 데리고 가서 쉬고 올까 하기도 하고, 30대 중반을 넘어 40대를 바라보는 나도 친구들과 함께 예쁜 드레스 하나씩 챙겨서 호텔에서 하루 놀까 하며 패키지 상품을 알아보곤 한다. 호캉스는 단순히 호텔이 돈을 벌기 위한 수단으로 여겨질 수도 있지만, 그보다는 분주한 일상에서 잠시 쉼을 선물해 주는 시간이 되기도 한다. 그 쉼은 또 수년간 이어질 추억거리가 되고 말이다. 블루투스 스피커를 고치던 그때 "드레스가 참 멋져요!"라는 말 한마디를 건네지 못한 게 두고두고 아쉽다.

음식은 반입도 안 되지만
반출도 안 됩니다

수능 시험지에는 오지 선다형 객관식 문제와 단답형 문제만이 가득했다. 중고등학교 내신 시험에는 서술형 문제가 있었지만, 답의 길이가 길어졌을 뿐 우리는 늘 출제자가 의도한 정해진 답을 적어 내야 했고, 정답이 없는 문제는 오류로 간주했다. 이런 교육 환경에서 자란 난, 일상에서 갈등이 생기거나 문제가 발생했을 때도 정해진 답과 모두가 수긍할 만한 해결책을 찾으려 했다. 서비스업에 종사하다 보면 수시로 다양한 갈등을 목격하고, 내가 그 갈등의 관계자가 되기도 한다. 호텔리어로서 고객의 요청을 받으면 우선 규정상 가능한 일인지부터 확인하고, 가능한 일이 아니라면 고객이 만족할 만한 대안을 찾아 헤맸다. 편한 마음으로 시험지에 동그라미 표시를 할 수 있게 말이다. 오답을 낼 수는 없었다.

클럽 라운지는 주로 비즈니스 고객을 타깃으로 하고 있기에, 한시적으로 특별 프로모션을 진행하는 경우를 제외하고는 만 13세 이상의 투숙객만 입장할 수 있었다. 그래서 예약 시점부터 손님들에게 안내가 나가고, 어린아이를 동반하는 가족들은 1층 뷔페 레스토랑에서 조식을 이용할 수 있도록 진행한다. 간혹 아이들은 클럽 이용을 하지 않고 부부만 이용하겠다는 조건으로 예약을 요청하는 손님들도 있는데, 대부분은 잘 지켜 주시지만 그렇지 않은 경우도 있다. 언제나 그렇듯 호텔에선 다양한 일이 생기니까.

"고객님, 죄송하지만 클럽 라운지 음식은 따로 반출하실 수 없습니다. 라운지 안에서만 이용 부탁드립니다."

한 남자가 당당하게 클럽 라운지 음식과 디저트가 담긴 일회용 접시와 종이컵을 들고 있었다.

"아, 객실에서 아이들 조금 주려고요. 아이 입장이 안 된다고 해서 애들이 아침에 아무것도 못 먹었거든요."

아이들이 아직 아침 식사를 못 한 것은 안타깝지만, 아이들이 클럽 라운지를 이용하지 못한다는 사실은 이미 알고 있었을 테고 그렇다면 아이들 아침을 어떻게 할 건지 미리 준비해 와야 하는 게 맞지 않을까. 그런데 그는 애초에 라운지 음식을 담아서 객실로 가져갈 요량이었나 보다. 뷔페에서 테이크아웃이라니. '고객님 외부 뷔페식당에서도 음식 싸서 가시진 않잖아요.'라는 속마음 그대로 얘기할 수는 없는 노릇이었고, 고객의 행동을 대놓고 잘못됐다 지적하지 않으면서 고객을 납득시킬 만한 이유를 얘기해야 했다.

"고객님 상황은 이해합니다만, 음식 반출 시에 시간이 오래되면 음식이 상할 수도 있고, 뷔페 특성상 객실로 가져가시기는 어렵습니다."

"아, 객실에 가져가서 바로 먹일 거라 그런 염려는 안 하셔도 돼요."

"하지만 호텔 규정상…."

말을 채 끝맺기도 전에 그는 살짝 높아진 톤으로 물었다.

"그럼 애들은 그냥 굶어요?"

'아니, 그걸 왜 저한테 물으시나요. 아이들 아침 식사는 사전에 다른 방법을 생각하셨어야죠!'라고 외치고 싶었다. 하지만 현실 속 나는 기어들어 가는 목소리로 고객이 딱히 쉽게 수긍하지 않을 것 같은 대안을 규정대로 제시할 뿐이었다.

"죄송하지만 자녀분들은 1층 뷔페 레스토랑에서 비용 추가 후 조식 이용 가능합니다."

그는 미간을 잔뜩 찌푸렸다.

규정을 내 맘대로 무시할 수도, 그렇다고 이 손님한테 호텔 입장만 내세우기도 난처한 상황에 놓이니 '아, 그냥 내 눈에 띄지 말고 민첩하게 갖고 가시지.'란 생각마저 들었다. 고객 한 명을 예외로 허용하면 규정을 잘 지켜 주는 손님들에 대한 역차별이 생기고, 앞으로 그것이 더 이상 예외가 아니게 되는 경우가 많다. 게다가 난 아직 그 예외를 융통성 있게 적용할 권한도 없는 신입이었다. 결국 그 건은 매니저의 손으로 넘어갔고, 조식 쿠폰을 제공하면서 적당히 마무리된 것으로 전해 들었다. 그는 더 이상 컴플레인을 하지는 않았지만, 이런 상황에 놓인 것 자체를 썩 유쾌해하진 않았다는 이야기와 함께.

고객의 요청을 내 선에서 처리하지 못하고 매니저에게 넘긴 날은 마음이 무거웠다.

"이건 뭐 별일도 아니야. 마음에 담아두지 마."

매니저의 쿨한 반응에도 여러 생각들이 머릿속에서 뒤죽박죽이었다.

'시간이 좀 더 흐르면 나도 쿨해지려나. 멋진 대안이 뿅 하고 생각나려나.'

'손님에게 말하기 전에 더 현명한 대안을 매니저와 논의했다면, 고객은 지금보다는 만족했을까?'

'고객과 호텔 모두를 만족시킬 만한 대안이 있기는 한 걸까?'

'아, 도대체 왜 정해진 것 이상의 것을 당당하게 요구하는 사람들이 있는 걸까?'

쉽사리 답이 나오지 않는 질문만 꼬리에 꼬리를 물고 계속 떠올랐다.

얼마 전 전해 들은, 해외 호텔들은 칼같이 규정대로 안내한다는 이야기를 떠올리며 알지도 못하는 그곳의 직원들이 부러워졌다. 예전에 항공사 고객센터에서 일할 당시에도, 손님이 계속해서 규정에 어긋나는 무리한 요구를 하거나 욕설을 할 경우, 상담을 멈추고 안내 음성이 나오게 전화를 돌리거나 상담을 종료할 수 있다는 어느 항공사를 부러워했다. 호텔이건 항공사건 고객이 원하는 대로 되지 않을 때 왜 늘 직원은 잘못한 사람이 되어야 하는 걸까.

불현듯 오지 선다형 문제에서 3개의 보기를 지우고 남은 2개의 보기에서 이게 답인가 저게 답인가 머리를 쥐어짜는 내 모습이 그려졌다. 둘 다 답이 아닐 수도 있는데, 그리고 세상에는 쉽게 동그라미 칠 수 있는 문제만이 있는 것도 아닌데 말이다. 오히려 세상에는 모두가 납득할 만한 답이 있는 문제보다 그렇지 않은 것들이 훨씬 많고, 해결이 잘되지 않을 때도 있다. 최상의 서비스를 제공해야 하는 특급 호텔의 호텔리어여도 마찬가지이다. 애초에 잘못된 문제였을지도 모른다. 마치 규정을 알면서도 예외를 원했던 손님처럼. 그렇게 스스로 토닥이며 퇴근길의 무거운 발걸음을 옮겼다.

나도 이런 선배가
될 수 있을까?

요즘에는 그런 마음으로 말을 하면서 살려고 노력한다. 내 말이 누군가의 가슴속에서 영원히 살 수도 있다는 마음으로, 그러다 보면 어떤 말도 쉽게 할 수가 없다.

김윤나 작가의 『말 그릇』에 나오는 문장이다. 내게도 이렇게 가슴속 깊이 오래도록 살고 있는 말이 있다. 이 말은 호텔리어로 일하는 동안 나에게 큰 위로가 되어주었다. 벌써 10년 전의 일인데도 가슴속에서 계속 살고 있는 것을 보면 말 한마디가 주는 묵직한 힘이 새삼 놀랍다.

여전히 신입사원의 티를 벗지 못했던 어느 날, 내게 1층 조식 뷔페 오픈 시간을 물어봤던 그 매니저와 클럽 라운지에서 같은 조로 일하고 있었다. 늘 차분하고 상냥한 모습으로 후배들을 대했고, 맘속으로 '그분은 천사임이 틀림없어.'라고 생각하며 잘하는 모습을 보여드리고 싶었다. 그런데 하필 같은 조로 일하던 날 실수를 해버렸고, 당황해서 어버버 하는 날 대신해 매니저가 일을 수습해 주었다. 나로 인해 곤란해진 상황을 다른 사람이 대신 맡아서 해결하는 모습을 지켜보고만 있자니 마음이 착잡했다. 민폐 덩어리가 된 기분을 쉽사리 떨칠 수 없었다.

묵직한 돌덩어리를 가슴 속에 짊어진 채 점심시간에 팀원들끼리 같이 밥을 먹으러 구내식당으로 내려갔다. 점심 메뉴 이야기를 하며 걸었지만, 머릿속은 아까 저지른 실수로 가득 차 있었다. 아무도 건네지 않은 찜찜한 죄책감을 어떻게든 덜고 싶었다.

"제가 실수한 일 대신 처리해 주셔서 감사하고 죄송해요 …."

"아니야, 이런 거 하라고 선배가 월급 더 받는 거야. 네가 죄송할 일 아니야."

오전 시간 내내 혼자서 주눅 들었던 마음이 이 한마디에 눈 녹듯 녹아내렸다. 퇴근 후, 만난 동기에게 천사 매니저의 대사를 흥분을 주체하지 못하고 속사포처럼 내뱉었다. 그 말은 귓가에서 계속 메아리쳤고, 멋지다는 말만으로 그 감동을 다 담아낼 수 없었지만, 달리 표현할 방법을 찾지 못한 채 부족한 나의 어휘력을 탓했다.

이런 날들을 거치면서 점차 소소한 실수를 줄여나갔고, 이제는 다른 사람들에게 폐는 끼치지 않는, 자기 몫은 하는 직원이 되어갔다.

'이제 민폐 덩어리는 아니지.'

흐뭇한 마음으로 데스크 라인에서 또 다른 매니저와 손발을 맞춰 일하고 있었다. 세일즈팀에서 거래처 손님에게 객실을 보여드려야 하니, 비어있는 가능한 객실 키를 준비해 달라는 연락이 왔다.

'룸쇼 키를 준비하는 건 이제 익숙하지!'

청소가 완료된 객실 중에 체크인할 손님 객실로 배정하지 않은 객실을 골라 시스템상에 룸쇼 예정임을 표시하는 사인으로 바꿔놓았다. 아니 그런 줄 알았다. 정오 즈음, 룸쇼 키를 요청했던 객실판촉 담당 매니저는 데스크로 와서 키를 받아 갔고, 나는 곧 다가올 체크아웃을 준비했다.

"따르릉"

1층 프런트였다. 옆자리에서 전화를 받은 매니저의 표정이 굳어졌다. 방금 판촉 매니저가 손님들에게 객실을 보여드리고 나오다가, 그 객실로 체크인하려는 손님과 맞닥뜨렸다고 했다. 그리고 그 체크인 손님은 1층 프런트에 자초지종을 물었던 것이다. 등줄기가 식은땀으로 서늘해졌다.

나 같아도 내가 투숙할 객실에서 모르는 사람들이 우르르 나오면 이게 무슨 일이지? 싶을 것 같았다.

"혜수야, 아까 룸쇼 객실 키 주기 전에 객실 사인 돌려놓았지?"

초점이 흔들린 지 오래된 내 동공과는 달리 고개만큼은 강하게 끄덕였다.

"그래, 그럼 됐어. 시스템에 문제가 있었나 봐. 그래도 투숙객이 이미 체크인한 상태에서 세일즈 매니저가 문 열고 들어간 게 아니어서 다행이지 뭐."

하지만 걱정하지 말라는 위로와는 달리 이 사건은 팀장의 귀에까지 들어갔고, 누가 잘못한 건지 지금 당장 알아내라는 지시가 떨어졌다. 하필 체크아웃이 몰리는 정오였다. 데스크 앞으로 체크아웃하려는 손님들의 줄이 길게 늘어선 와중에 뭐가 잘못됐는지 알아냈냐는 팀장의 전화로 데스크 전화기의 빨간 불은 쉴 새 없이 반짝였다. 매니저는 전화 받으랴 체크아웃하랴 분주했고, 그런 모습을 보는 나 역시 체크아웃 손님을 응대하면서도 도통 집중이 되지 않았다.

"혜수, 걱정하지 말고 네가 지금 할 일을 해. 긴장 풀고. 손님 잘 응대해."

경직된 날 보던 매니저는 나에게만 들릴 작은 목소리로

속삭였다.

매니저는 전산실과 연락하여 룸쇼 사인을 누가 언제 설정했고, 다시 원상 복구된 이유는 무엇인지 확인해야 했다.

"걱정하지 말고 있어. 동요하지 말고. 손님 몰려서 바쁠 테니까 침착하게 원래 하듯이 잘하고 있어. 언니가 잘 처리하고 금방 올게!"라고 말하며 팀장실로 분주히 내려갔다. 본인이 저지른 실수도 아닌 데다가 바쁜 시간대여서 더 스트레스였을 텐데도 그런 내색은 전혀 하지 않고, 얼굴이 흙빛이 된 후배를 먼저 챙겼다.

사건의 전말은 이러했다. 내가 보통 룸쇼 객실로 지정할 때 사용하는 알파벳이 아닌 다른 알파벳으로 사인을 돌렸고, 객실 정비를 하며 시스템을 보던 하우스키핑에서 해당 객실에 별다른 문제가 없는 것을 확인하고 사인을 풀어버렸던 것이었다. 호떡집에 불난 것처럼 재촉하던 아까와는 달리 팀장은 매니저에게 앞으로는 더 신중하게 정해진 프로세스대로 업무에 임할 것을 고지하고 일을 마무리 지었다. 매니저는 별다른 말은 하지 않았지만, 아마도 나를 많이 감싸 주었을 것이다. 평소와 다름없는 하루를 보내게 해준 매니저의 배려 덕분에 '폐를 끼쳤다.'는 울적함에서 금방 벗어날 수 있었다.

혹자는 후배가 곤경에 처했을 때 선배가 나서서 일을 해결해 주는 것이 뭐 그리 대단한 것이냐고 할 수도 있다. 하지만 10년 전의 두 매니저보다 더 나이가 든 지금의 나는 후배의 일을 대신 책임지는 데에는 큰 용기가 필요하다는 것을 안다. 사람이 용기를 얻고 싶은 순간이 생기면 용기를 낼 만한 상황을 선물 받는다고 한다. 그리고 몇 달 후, 나도 용기를 내야 하는 상황이 생겼다. 후배를 보듬어 직면한 상황을 잘 해결해야 하는 용기. 그때 나는 호텔에서 후배의 실수에 조금의 질책 없이 보듬어 준 선배였을까, 내 마음보다 후배의 마음을 우선하고 진정시켜 주었을까. 그 후배에게 나도 오래도록 기억에 남는 따뜻한 말 한마디의 추억을 선물해 주었기를 바란다.

라운지에 자주 출몰하던
그녀

'서당 개도 삼 년이면 풍월을 읊는다.'는 옛말이 있듯이 1년이 좀 넘어가니 어지간한 일은 혼자서 처리할 수 있게 되었다. 이렇게 느낀 건 나뿐만이 아니었다.

"혜수, 이제 슬슬 오후조 인차지로도 일해보자!"

갑자기 오후조를 이끌어 보라는 말에 눈을 동그랗게 뜨고, 다음 달 근무 스케줄표를 작성하던 매니저를 쳐다보았다.

"하하, 할 수 있어! 매일은 아니고 큰 행사 없는 평일 위주로 스케줄 넣을 거니까."

6개월 전에 후배가 들어온 이후로 언제까지고 근무조의 막내로만 일할 수는 없겠구나 싶었지만 갑작스러웠다. 그렇지만 세상의 많은 일은 예상하지 못한 순간에 다가온다.

마음의 준비를 할 충분한 시간을 갖지 못한 채 그렇게 그 날이 왔다.

살짝 긴장되긴 했지만, 전날이 휴무였던 덕분에 푹 쉬고 나온 터라 몸은 가뿐했다. 매니저는 5시 퇴근 전에 어제 일어났던 해프닝을 이야기해주었다. 근 일주일 전부터 라운지를 들락날락한 여성인데, 알고 보니 호텔 투숙객이 아니었고 정신도 또렷하지 않은 것 같다고. 내가 일하던 근무시간 외에 계속 나타났던 모양이라, 나는 그 사람의 인상착의를 알지 못했다.

"주의를 주어서 아마 다시 오진 않을 텐데, 그래도 혹시 나타나면 1층 프런트 매니저님한테 바로 연락해. 상황 다 알고 계셔서 금방 올라오실 거야. 시연(가명)이가 그 사람 본 적 있어서 어떻게 생겼는지 알고 있어."

내 옆에 바짝 붙어 서 있던 후배는 자신의 이름이 언급되자 재빠르게 고개를 끄덕였다.

이제 입사한 지 6개월이 조금 넘은 후배와 오후조 인차지를 맡게 된 갓 2년 차인 나, 그다지 믿음직스럽지 못한 조합이었지만 걱정이 무색해질 만큼 후배와 손발을 맞춰 순탄하게 일을 해나갔다. '그래, 아무 일 없을 거야. 오늘 들어올 체크인 손님도 이제 몇 명 안 남았잖아.' 바짝 세우고 있던 허리에 힘을 풀고 의자 등받이에 기대며 얕은 숨을 뺐었다.

그때, 한 여성분이 후배 쪽으로 또각또각 걸어왔다. 옆에는 짐을 끌고 있는 벨 데스크 직원이 함께였다. 후배는 여권을 받고 호텔 객실 요금과 기타 비용에 대한 보증금을 받기 위해 손님의 신용카드를 받아 체크인 절차를 잘 진행했다. 마지막으로 손님께 객실 키를 드리고 클럽 라운지 이용을 안내해 드리려는 찰나, 손님이 가방 속에서 무언가를 주섬주섬 찾았다.

"아까 드린 신용카드를 못 돌려받은 것 같은데요?"

내 자리에서 곁눈질로 후배를 지켜보던 나는 얼른 일어나 후배 쪽으로 갔다. 후배는 울상이 되어 이미 얼굴이 붉게 달아올라 있었다.

"손님께 개런티용 카드를 받고 안 드렸나 봐요. 그런데 못 찾겠어요."

키보드를 들어보고, 책상 밑에 떨어졌나 허리를 한참 숙여도 카드는 보이지 않았다. 일본인이었던 손님은 어찌 된 영문인지 몰라 눈을 껌벅거렸다. 후배는 체크인 시 꼭 필요한 기본적인 일본어만 할 줄 알았기 때문에, 상황을 손님께 자세히 설명하지 못했다. 당시 클럽 라운지 데스크 직원 중 일본어 레벨이 밑에서 2번째였던 나는 그 기본보다 고작 조금 더 하는 정도였지만, 어찌 됐든 오후조 인차지로 있는 이상 후배를 대신해 나서야 했다.

"정말 죄송합니다. 잠시 라운지에서 음료 드시고 계시면, 저희가 바로 가져다드리겠습니다."

어설픈 일본어로 손님을 클럽 라운지로 안내하고 벨 직원에게는 별도 객실 키를 주며 짐을 올려놔 달라고 했다. 다행히 금방 체크리스트가 잔뜩 적힌 후배의 메모지 밑에서 손님의 신용카드를 찾을 수 있었다. 후배에게 걱정하지 말라며 한쪽 눈을 찡긋하곤 라운지로 가 손님께 카드를 전달했다. 다시 한번 죄송하다는 말씀과 함께. 손님은 괜찮다며 라운지에서 좀 더 있다가 객실로 가겠다고 했다.

자리로 돌아온 나를 보곤 후배는 안도의 숨을 내쉬며 머리를 긁적이며 웃었다. 이후로 별 특이 사항 없이 무난하게 남은 체크인과 오후조 업무를 처리해 나갔다. 이상한 여성의 이야기도 머릿속에서 사라진 지 오래였다. 클럽 라운지의 해피아워 시간이 30분 정도 남았을 무렵, 몇몇 손님들은 슬슬 자리에서 일어나 객실로 돌아갈 채비를 했다.

해피아워 시간이 끝나도 2시간은 있어야 퇴근할 수 있지만, 마음은 벌써 집과 가까워졌다. 그때 잔잔한 라운지 음악과 불협화음을 일으키는 높고 소란스러운 목소리가 들렸다. 곧 쓰러져도 이상하지 않을 정도로 하얗게 질린 창백한 얼굴에 검은 긴 생머리를 죽 늘어뜨린 여성이 칵테일 파티에서도 튈 법한 반짝이는 검은색 드레스 차림으로 거침없이 들어왔다. 딱 봐도 정상은 아닌 것 같은 사람. 나는 후배 쪽으로 고개를 돌렸다. 후배는 말없이 고개를 끄덕이며 더할 나위 없이 강렬한 눈빛을 보냈다. 순간 목에 바짝 힘이 들어가 뻣뻣해졌다. 후배를 자리로 돌려보내고선 배에 힘을 꽉 주고 떨리는 목소리를 감춘 채 입꼬리를 살짝 올려 응대했다.

"손님, 어떻게 도와드릴까요?"

'최대한 자연스러워야 해.' 맘속으로 주문을 외웠다. 휙, 내 오른쪽 손목을 잡은 그녀의 손에 점점 힘이 들어갔다. 초점이 맞지 않는 흐리멍덩한 눈빛으로 나를 쳐다보았다.

"처음 보는 것 같네. 나 오늘 여기서 OOO를 만나기로 약속해서. 그 사람 너도 알지?"

다짜고짜 반말에, 누군지도 모를 사람을 만나기로 했다니, 그래, 제정신이 아니구나.

"하하, 네 고객님, 그럼요. 라운지로 먼저 가셔서….."

그녀는 내 말이 채 끝나기도 전에 잡고 있던 내 손목을 툭 놓더니 성큼성큼 클럽 라운지로 가서 자리를 잡았다. 빨갛게 손가락 자국이 선명한 손목을 매만지며 바로 1층 프런트에 전화했다. 혹여나 들릴까 봐 목소리를 최대한 낮춰 속사포처럼 쏟아냈다.

"매니저님, 그 여자가 왔어요. 지금 라운지에 들어갔어요."

전화기를 든 손이 자꾸만 덜덜덜 떨렸다. 불과 5분 후에 경찰관 두 명과 함께 구세주 매니저가 등장했다. 경찰관들은 여자가 눈치채지 못하게 조용히 그녀에게 접근했다.

"플리즈, 세이브 미!"

'한국 사람이면서 갑자기 웬 영어.' 그녀는 경찰을 보자마자 라운지 홀을 마구 뛰어다니며 소리를 질러댔고, 아직 라운지에 남아 있던 손님들도, 라운지 층 객실에 투숙하던 손님들도 다들 무슨 일인가 싶어 웅성거렸다. 몇 분간의 소란 끝에 여자는 경찰관에게 이끌려 사라졌다.

알고 보니 그녀는 그동안 라운지에서 외국 손님들과 잡담하며 친해졌고, 손님들도 그녀가 당연히 여기 투숙객인 줄 알고 라운지 직원들에게 친구라고 소개를 했던 것이다. 그렇게 그들의 동행인 것처럼 행동해서 무전취식, 말 그대로 공짜로 라운지에서 먹고 마시고 즐기다니 정말 대단하지 않은가.

소란이 가라앉은 자리에 덩그러니 남은 후배와 나는 그제야 '후' 참았던 숨을 터트렸다. 유난히 눈동자가 검고 동그랗던 후배는 밝게 웃으며 말했다.

"선배님이랑 페어로 일하면 저 뭐든지 다 할 수 있어요.

저 다 시키세요.”

　나도 같이 일하면 마음이 편한 선배들이 있다. 혹여나 실수해도 넓은 아량으로 감싸주는 선배들. 어떤 일이 생겨도 잘 해결해 줄 것 같은 선배들. 후배의 대책 없이 해맑은 미소를 보니, 후배에게 나도 조금은 그런 사람인 것 같아 온몸을 휘감고 있던 긴장감이 풀어졌고 종아리가 저렸다. 집에 가서 침대에 눕자, 몇 달 전 나의 방패가 되어줬던 두 매니저가 떠올라 싱긋 웃음이 났다.

영업 종료 직전의
컴플레인

동네 소아과는 6시 30분에 문을 닫는다. 다니던 직장에서 집까지 1시간 정도는 걸렸기에, 아이가 아프면 먼저 병원에 전화해 6시 10분쯤 도착할 것 같은데 접수를 받는지 물어봤다. 대부분 그때까지만 오시라고 웃으며 말씀하지만, 난 추운 날에도 이마에 땀이 맺힐 정도로 뛰어가곤 했다. 누구에게나 퇴근 시간은 중요하니까. 그렇게 내가 남들의 퇴근 시간을 생각하는 것만큼, 내 퇴근 시간을 보장받고 싶었다.

프런트 일을 하며 친해진 H와 같이 오후조로 일하는 날이었다. 2살 차이라 더 금방 친해져서 서로 언니 동생 하며 지금까지도 계속 연락하는 사이이다. H는 호텔 입사가 나보다 3개월가량 빨랐지만 클럽 라운지에서 일한 지는 얼마

되지 않아서, 서로가 서로의 인차지가 되어주자며 같은 근무조가 된 신남을 감추지 못했다. 죽이 착착 맞았고, 퇴근 시간까지 특이한 요청 사항이나 컴플레인 없이 물 흐르듯 흘러갔다. 이렇게 순탄한 날은 언제 이 평화로움이 깨질지 몰라 두렵기도 했다. 꽁꽁 숨겨 놓은 두려운 마음을 들켰던 것일까.

영업 종료 시간이 3분 정도 남았을 때, 한 외국인 남성이 라운지로 들어왔다. 검은 뿔테 안경과 짧은 스포츠머리 때문에 그의 인상은 더 강해 보였다. 심지어 주먹왕 랄프가 생각나는 덩치에 나와 H는 바짝 긴장한 채 서로 눈빛을 주고받았다.

'이 시간에 무슨 일이지? 우리 퇴근해야 하는데?'

"객실 안에 있는 DVD기가 고장 난 거 같아요. 영화가 안 나와요."

예상했던 것과는 달리 차분한 중저음의 톤이었다.

"죄송합니다. 고객님. 가끔 일부 DVD가 그런 경우가 있습니다. 혹시 괜찮으시다면 다른 영화를 고르시겠어요?"

옆 서랍장에 있던 DVD 리스트를 꺼내 건네려는 찰나였다.

"아니요. 벌써 두 번째 다른 걸로 틀어본 건데 둘 다 안되는 거 보면 기기가 망가진 거겠죠. 객실에 망가진 기기가 있다는 걸 믿을 수가 없네요."

처음 예의 바른 말투와는 사뭇 다른 싸한 분위기가 느껴졌다. 그리고 그는 이어서 내가 상상할 수 없는 멘트를 날렸다.

"It is the most FANTASTIC day I've ever had here."

「러브, 로지」라는 영국 영화에서 남자주인공인 알렉스와 여자주인공인 로지가 서로 "Excellent!" "Fantastic!"을 외쳐가며 싸우는 장면이 스쳐 갔다.

반어법은 학창 시절 국어 시험지에서나 접할 수 있었는데, 살아있는 반어법을 그것도 강한 영국 악센트로 직접 접하니 어안이 벙벙해져 눈동자는 갈 길을 잃고 흔들렸고, 할 말을 찾지 못한 채 침묵만이 적막한 라운지를 가득 채웠다. 환상적인 날을 만들어드려 죄송하다고 할 수도 없고, 그러시구나 하고 동의할 수도 없고, 이 화법에는 도대체 무어라 대꾸해야 손님이 화를 누그러뜨릴 수 있을지, 나와 H는 애써 옅은 미소를 지었다.

"아… 음… 그럼…"

쓸데없는 추임새만 웅얼거리며 적당한 말을 찾는 동안 머릿속은 분주했다.

'DVD 작동 안 하는 게 이렇게까지 짜증 낼 일이야? 그래, 돈 내고 제대로 서비스 이용하지 못하면 화날 수 있지.

휴… 10시에 문 닫는지 모를 수도 있어. 사실 알아도 별로 상관없을지도 모르고. 퇴근을 제때 하는 건 우리한테나 중요할 테니. 그건 그렇고 Fantastic이라는 단어를 이렇게 컴플레인 할 때 쓰니 되게 무섭네.'

짧은 순간 여러 생각을 하며 우선 H에게 활짝 열려있는 클럽 라운지 문을 닫으라는 눈짓을 보냈다. 이미 퇴근 시간이 지났기에, 다른 손님이 라운지가 열려있다고 오해하면 우리의 퇴근은 기약 없이 늦어질 게 뻔했다.

야간이라서 당장 기기를 고치거나 바꾸기가 쉽지 않은 상황이었지만, 이를 그대로 얘기했다간 또 살벌한 컴플레인을 들을까 우선 하우스키핑에 연락해보기로 했다. 무슨 방법이라도 있지 않을까 하는 마음으로.

"됐어요. 지금 영화 볼 생각이 싹 사라졌어요."

그는 우리의 고민을 예상외의 방법으로 처리해 주곤 둔탁한 발걸음을 옮겼다. 그래도 혹시나 야간조에게 또 컴플레인 할지도 모르니, 인계 파일에 해당 내용을 적어 놓았다.

지금 다시 이 시절로 돌아간다 해도 영업 종료 직전 혹은 그 시간에, 아니 심지어 조금 지나서 온 손님의 요청일지라도 모른 척 태연하게 뒷조에게 바로 넘기진 못할 것 같다. 그렇지만 속으로는 툴툴거릴 게 분명하다. 어쩌겠나.

내 성격이 그러한 것을. 나도 언젠가 어디에서건 다급하게 퇴근하려는 직원을 붙잡고 나 좀 도와주소! 할 일이 생길 수도 있고. 사실 호텔에서 일하면서 이런 순간은 비일비재하다. 그때는 '지금 내가 이 손님의 문제를 해결해 주는 일이 나중에 누군가 나를 도와주는 일로 돌아올 수 있어.'란 무한 긍정 파워가 필요하다.

교대 근무로도 일해보고 9시부터 6시까지, 그리고 야근이 일상인 분위기에서도 일해보았지만, 남들에게 그 일이 주로 칼퇴근이 보장되는 것으로 여겨지느냐에 따라 나 스스로 제시간에 퇴근하려고 애쓰는 정도가 달랐다. 프런트에서는 내가 퇴근한 이후에도 일을 이어받을 다음 근무자가 있기 때문에 비교적 칼퇴근 문화가 잘 형성되어 있었고, 특별한 일이 없는 한 누구도 야근을 당연하게 생각하지 않았다. 그래서 아마도 이날도 손님의 불편함보다는 늦어질 퇴근 시간에 더 초조했던 걸지도 모르겠다.

나는 상대를 배려해서 행동했고, 세상에서 나도 그렇게 존중받기를 원했다. 하지만 사회생활이란 게 어디 내 뜻대로 되던가? 내 기준에 부합하지 않은 상황에 맞닥뜨리면서 스트레스는 점점 쌓여갔다. 한동안은 '나는 안 그러는데 너는 왜 그러니?'란 푸념만 계속했고, 당연히 해결되는 건 없었다. 내 상식에서 벗어나는 일들로 휘청이다가 불현듯 '타인의 시간을 존중하는 건 내가 그렇게 하고 싶고 그래야 내 마음이 편하기 때문이잖아.'라는 외침이 머릿속을 가득 채웠다. 물론 남들이, 세상이 내게도 그래 주길 바라지만, 다른 사람이 나를 어떻게 대하는지는 사실 내가 통제할 수 없는 영역이다. 타인이 종종 예상 밖의 행동과 말로 나를 곤란하게 할지라도, 나는 여전히 소아과 접수 마감 시간 전에 도착하기 위해 뛸 테다. 그래야 내 마음이 편하니까. 이 영국인 남자는 내가 조절할 수 있는 건 오로지 내 마음 과 행동이라는 걸 다시금 깨닫게 해주었다. 내가 좌지우지 할 수 없는 일에 얽매이지 않는 법을 조금씩 터득해가는 나날이었다.

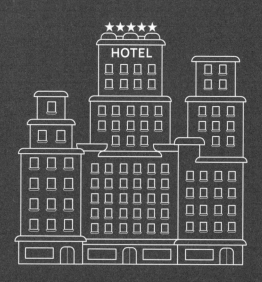

Chapter 2

오늘부터
판촉지배인입니다

버팀목이 되어준
사람들

'권혜수 객실판촉담당'

내 이름 석 자를 보면서 이렇게까지 믿고 싶지 않았던 적이 있었을까? 모니터 화면을 멍하니 응시했다. 눈을 깜박이면 가득 차오른 눈물이 떨어질 것만 같아 눈을 부릅뜬 채로. 매년 초에는 인사 발령 시기이다 보니 누가 어디를 간다더라, 누가 인사 팀장이랑 면담했다더라 같은 카더라가 여기저기서 들리고 삼삼오오 모여 웅성거리는 모습도 자주 볼 수 있다. 이번에도 프런트 담당에서 한 명이 객실판촉으로 간다는 소문을 몇 주 전부터 심심찮게 들을 수 있었다. 나도 그중 한 명일 수 있었지만, 여기서 근무한 지 만 2년도 되지 않았고 프런트에서 더 오래 일한 선배들도 있었기 때문에 내 차례일 거란 생각은 단 1초도 하지 않았다.

'도대체 왜 내 이름이 저기에?'

그렇다. 난 예고 없이 객실판촉담당으로 발령이 났다. 호텔에는 여러 가지 부서가 있다. 당시 판촉팀은 객실판촉담당과 연회판촉담당, 그리고 웨딩담당, 객실예약담당으로 나누어져 있었다. 그중 객실판촉과 연회판촉의 판촉 매니저는 행사를 유치해서 각각 객실과 연회장을 판매하고, 행사 준비부터 끝까지 고객의 요청을 수시로 반영해 가며 호텔의 현장 부서와 협업하는 역할을 했다. 행사와 관련한 일이라면 고객과 현장 부서는 A부터 Z까지 담당 판촉 매니저와 상의해야 했다. 그러다 보니 행사 준비 시기부터 행사를 끝마칠 때까지 판촉 매니저는 늘 24시간 대기조였다. 호텔리어로 성장하려면 호텔 매출의 상당 부분을 책임지는 판촉팀, 특히 객실판촉을 거쳐 가야 좋다는 이야기를 많이 들었지만, 피할 수 있다면 피하고 싶었다.

'모든 호텔리어가 반드시 영업 경험이 있어야 하는 건 아니잖아. 거길 안 거치고도 승진 잘하시는 분들도 많잖아.'

내 생각은 점점 더 확고해졌다. 그도 그럴 것이, 프런트에서 마주치는 판촉 매니저들은 늘 바빴고, 휴대전화를 손에서 놓지 못했다. 밥은 먹고 다니나 싶을 정도로 점심시간에도, 퇴근 시간 이후에도 손님과 함께하는 모습을 너무나도 자주 볼 수 있었다. 개인의 삶은 거의 없어 보였다. 나는 그럴 자신도 없었고, 자발적으로 하고 싶은 생각은 더더구나 없었다.

그렇지만 회사를 그만두지 않는 이상 현실을 받아들여야만 했고, 우거지상을 하고 새 부서에 첫 출근을 할 수는 없었다. 익숙하지 않은 새로운 상황에 놓일 때, 여유 있게 준비하는 내 성격은 이 와중에도 변함이 없었다. '첫날부터 지각해서 찍히면 안 되지.'란 맘이 너무 앞서서 아직 사무실에 출근한 사람이 거의 없는 시간에 도착하고야 말았다. 하필 판촉팀은 사무실 제일 안쪽에 크게 자리하고 있어서 문부터 거리가 제일 멀었고, 구두 굽 소리는 그날따라 왜 이렇게 크게 나는지 주목받고 싶지 않은 마음과는 달리 판촉팀장은 나를 금세 발견했다. 자신의 책상 앞을 서성이던 팀장은 사무실 문을 열고 또각또각 들어오는 날 보며 웃으셨다.

"일찍 왔네."

프런트에서 전화로 한두 번 정도 목소리만 듣다가 이렇게 가까이서 직접 뵌 건 처음이라 어색한 웃음을 지으며 인사를 드렸다.

조용한 사무실의 분위기는 음악이 흘러나오고 사람들의 목소리가 끊임없이 들리는 프런트와는 사뭇 달라 낯설었다. 그런 분위기는 내 맘을 한층 더 우울하게 만들었다. 그나마 같은 부서에 동기와 고등학교 동창이 있다는 것이 마음의 위안이 되어주었다. 잘 모르겠는 건 둘에게 슬쩍 물어보곤 했고, 그때마다 친절하게 알려주어서 하늘이 무너져도 솟아날 구멍이 있다는 게 괜히 있는 말은 아니구나 싶었다.

'그래. 시간이 지나면 점차 분위기도, 업무도 익숙해질 거야.'

'제발 대사관 담당만 아니길, 판촉 부서에 이제 막 온 사람한테 국빈이나 해외 정부 손님들이 많은 거래처를 맡기진 않겠지.'

하지만 스스로 다잡던 마음도 앞으로 내가 맡게 될 거래처가 대사관이라는 사실 앞에서 속절없이 무너졌다. 프런트에서도 대사관 담당 업무는 악명이 높았다. 대통령, 총리, 장관, 그 외에도 여러 정부 관리가 주요 손님이었고, 요청의 절대량이 많은 건 물론이고 해결하기 쉽지 않은 요청도 많았다. 행사를 진행할 때, 판촉 매니저가 프런트나 하우스키핑, 룸서비스, 보안실 등 현장 유관 부서에 협조를 구해야 할 일이 넘쳐났고, 현장에선 예외를 적용해야 하는 일을 달가워하지 않았다. 그럼에도 결국에는 협조하지만 말이다. 이런 요청은 판촉 선에서 좀 잘라주면 좋겠는데 하면서도 손님들한테 시달리는 매니저를 안쓰러워하기도 했다. 그런데 이제 내가 그 당사자가 되어야 한다니. 마른 하늘에 날벼락도 이런 날벼락이 없었다. 그래도 그 날벼락을 고스란히 맞으란 법은 없나 보다.

기존에 한 명이었던 대사관 담당 매니저는 우여곡절 끝에 두 명으로 조정되었다. 업무량이 지나치게 많다는 의견이 받아들여진 덕분이었다. 다른 한 명은 판촉팀에서 계속 일한 선배 매니저였고, 수많은 국가의 대사관을 둘이 적절히 나누어 담당하게 되었다. 다행히 갓 판촉 부서에 발령받은 내게 처음부터 많은 거래처를 맡기지는 않았다. 그 선배는 유능했고, 때로는 나의 방패막이와 해결사 역할을 해주었다. 뿐만 아니라 해외에서 오래 살아서 영어를 자유자재로 구사했기에 국내파인 나는 종종 선배에게 영어 관련 질문을 하고 선배는 가끔 내게 어려운 한국어의 뜻을 물었다.

한 번은 프랑스 대통령이 곧 방한할 예정이라 프랑스 대사관에서 대통령이 투숙할 호텔을 정하기 위해 객실과 연회장을 직접 보기를 요청한 적이 있다. 외국 대통령이 투숙할 때는 호텔에서 가장 좋은 스위트룸에 머문다. 이 스위트룸은 큰 문을 열고 들어가면 복도를 사이에 두고 양측에 여러 용도의 공간이 배치되어 있다. 침실과 화장실이 여러 개여서 가족 단위로 방문한 손님도 편하게 투숙할 수 있다. 그뿐만 아니라 인터뷰가 가능할 정도로 넓은 응접실은 물론이고 개인 사무실로 사용할 수 있는 서재, 열 명 넘는 사람들이 착석할 수 있는 회의실도 별도로 갖추고 있다. 방과 거실의 큰 창을 통해 들어온 햇살은 스위트룸의 고급스러운 분위기를 한층 빛나게 한다.

당시 프랑스는 내 담당이었기에 원래대로라면 내가 진행했어야 했다. 그런데 프랑스 대통령 방한 건은 워낙 규모가 크다 보니 나는 불안했고, 윗분들도 나처럼 불안했던 모양이다. 호텔 인스펙션이 진행될 날에 선배가 이미 휴가를 낸 상태였지만, 팀장은 선배에게 상황의 중요성을 언급하며 양해를 구하고 인스펙션을 맡겼다. 선배에게 미안한 마음과 윗분들에게 아직 그만큼 믿음직스럽지 못하다는 부끄러움도 있었지만, 솔직히 내가 안 해도 된다는 안도감이 훨씬 컸다. 인스펙션 당일, 대사관에서는 예상보다 훨씬 많은 직원이 참석했고, 호텔에서도 임원부터 팀장까지 도합 스무 명은 족히 넘어 보이는 사람들이 스위트 객실을 소개하는 선배를 줄줄이 따라다녔다. 내가 맡지 않은 건 정말이지 천만다행이었다.

또 대사관과 정부 담당의 장이었던 베테랑 과장도 방한단 투숙 때마다, 타 부서의 협조를 구하는 데 난항을 겪고 있을 때면 언제나 나서주셨고, 바쁜 업무에 치여 끼니를

거르며 일하지 않게 밥도 챙겨주시곤 했다. 이렇게 팀원들의 호의 덕분에 나는 점차 초기의 낯섦을 이겨낼 수 있었고, 판촉팀 업무에 적응해갔다. 모두가 힘들다고 생각하는 곳에서 다들 맡기 싫어하는 업무를 맡고 조금씩 적응하다 보면, 판촉 매니저로서 좀 더 자연스러워지지 않을까 하는 희망도 품어보았다.

'이번에는 선배가 대신 인스펙션을 맡아줬지만, 내공을 쌓아서 다음번에는 역시 믿고 맡기는 직원이란 소리도 들어봐야지!' 더 잘해보고 싶은 마음이 꿈틀꿈틀 싹을 틔우고 있었다.

24시간 돌아가는 호텔,
잠 좀 잡시다

 호주 대학교에서 두 학기간 방문 학생으로 지내면서 여러 나라에서 온 학생들을 만났고, 기숙사에서 함께 생활했다. 같은 층에만 콜롬비아, 미국, 루마니아, 탄자니아, 호주 등 다양한 문화권의 친구들이 있었다. 기숙사는 1인 1실이었지만 거실과 부엌, 화장실은 함께 사용하는 구조였다.

 이른 아침, 아직 아무도 없는 거실 테이블에서 콧노래를 흥얼거리며 우유에 시리얼을 타 먹고 있었다.

 "Good morning!"

 샤워를 마치고 나온 호주 남자애가 큰 수건으로 하반신만 가린 채 고요함을 깨고 아침 인사를 건넸다. 혼자인 줄 알았던 난 흠칫 놀랐지만, 살짝 미소 지으며 눈인사를 나눴다. 그리고는 눈을 어디에 두어야 할지 몰라 시선을 아래로 떨구었다. 시리얼 그릇을 향해 움직이던 눈동자는 하필 그 친구의 배에 있는 문신을 보고야 말았다. 그 당시만 해도 주변에서 문신하는 걸 흔하게 접하지 못했을 때였고 상의 탈의를 한 남자랑 마주 보고 말할 일은 더더구나 없었기에 그저 그 친구가 얼른 방으로 들어가기를 바랐다. 바람과는 달리 "시리얼은 맛있니? 아침엔 주로 시리얼을 먹니?" 등 자기 딴엔 친근감을 표현하며 대화를 이어갔다.

"응, 간편하고 맛도 있고."

대충 대답하면서 시리얼을 거의 마시다시피 해치우곤 방으로 들어왔다.

처음에는 다른 생활 방식과 문화에 적잖이 당황하여 공동 거실에 잘 나오지 않고 웬만하면 방 안에 머물렀다. 하지만 점차 그들과 대화를 나누면서 여러 가치관과 다름을 경험하는 데 매력을 느꼈다. 이때의 경험은 해외에서 일하거나, 그것이 어렵다면 적어도 국내에서 다양한 문화권의 사람들과 일하고 싶다는 마음을 싹트게 했다. 시간이 흘러 호텔에 입사한 후 여기에서 그런 바람이 이루어지길 희망했고 판촉 매니저, 특히 대사관 담당 매니저에게는 생전 다 가보지 못할 수많은 나라의 사람과 일할 수 있는 기회가 주어졌다.

하지만 호주에서는 미처 알지 못했다. 죽고 못 살던 절친도 함께 일하다 보면 사이가 틀어질 수 있다는 걸 말이다. 하물며 전혀 다른 문화권에서 살아온 외국인은 어떠할지 예상하지 못했다. 친구가 가진 새로운 문화와 색다른 사고방식은 흥미롭고 내 경험과 시야를 넓힐 좋은 기회가 될 수 있지만, 업무로 만난 사이에서는 이런 것들이 갈등의 씨앗이 되기도 한다. 게다가 누구나 공공연하게 갑과 을이라고 생각하는 관계에서 다른 나라에서 온 갑은 종종 별나라에서 온 외계인처럼 느껴질 때도 있었다. 내 상식선에서는 도저히 이해가 안 되는 요청과 행동이어도 최대한 맞춰야 했다.

객실판촉 일은 예상보다 더 고되고 바빴다. 프런트에서 제삼자로서 봤던 건 빙산의 일각이었다. 퇴근길 지친 몸을 이끌고 도착한 집, 남편과 도란도란 이야기 나누며 저녁 식사를 하는 시간에도 늘 휴대전화는 손 닿는 곳에 놓았다. 잘 준비를 마치고 푹신한 매트리스 위에서 이불에 폭 감길 때도 휴대전화의 자리는 침대 바로 옆, 자다가도 손이 닿는 협탁이었다.

"지이이잉"

협탁 위에서 진동 소리가 시끄럽게 울렸다. 잠결에 눈도 채 뜨지 못하고 휴대전화를 집어 들었다. 거래처였다. 남편이 깨지 않게 살금살금 거실로 나가 안방과 제일 멀리 떨어진 작은 방으로 들어가서 전화를 받았다.

"늦은 시간에 죄송합니다. 저희 내일 세 분이 한국에 도착하시는데, 2박으로 객실 3개 예약 부탁드려요. 손님 이름은 저희도 아직 받질 못해서 최대한 빨리 알려드릴게요."

한국어와 영어를 섞어가며 말하는 직원의 목소리에서 다급함이 느껴졌다.

하아…. 새어 나온 한숨만이 적막한 침묵 속에서 울려 퍼지는 어두컴컴한 새벽이었다. 그저 죄송하다는 말로 양해를 구하기에는 늦어도 너무 늦은 시간 아닌가.

'그래, 이 사람도 이때 전화하고 싶어 했겠어? 시키니까 했겠지. 그런데 이 시간에 그걸 시키는 누군가는 무슨 생각이었을까? 휴, 자다가 전화를 받은 내 잘못이지.'

늦은 시간에 잠도 못 자고 일하는 직원에게 동병상련의 마음이 들다가도 화가 났다. 속은 부글거렸지만, 우선 객실을 잡아놓을 테니 최대한 빨리 체크인할 손님 성함을 확인해 달라고 말하곤 프런트 야간조에 전화를 걸어 상황 설명을 했다.

"아휴, 매니저님, 이 시간에 잠도 못 주무시고. 객실 3개 예약해 뒀으니 걱정하지 마시고 얼른 주무세요. 오전조에도 인계 잘해놓을게요."

프런트와 통화를 마치고 거래처 직원에게 문자로 객실 예약 번호를 보냈다. 살금살금 도둑고양이처럼 침대에 다시 누웠지만, 잠은 이미 달아난 지 오래였다. 뒤척이다 보니 어느덧 아침이 밝아왔다.

하루 종일 아무것도 못 먹다가 밤 9시 즈음 겨우 첫 끼를 먹으려고 호텔 밖에서 문을 연 식당을 찾아 헤매고 있을 때였다. VIP 방한단 관련해서 까다로운 요청을 하며 나를 들들 볶은 러시아 대사관 담당 직원의 이름이 휴대전화에 또다시 반짝였다.

'아, 진짜 받기 싫다.'

하지만 다음날 VIP가 체크인 예정이라 어떤 변수가 생겼다면 반드시 알아야 했다. 전화를 받자 익숙한 톤의 영어가 들려왔다. 스위트 객실의 꽃장식에서 VIP가 좋아하지 않는 색깔이 있어서 다른 꽃으로 바꿔 달라고 했다.

'아니, 그걸 왜 이제 와서 얘기하는 거야.'

위가 쓰리다 못해 이젠 배고픔이 느껴지지도 않았다.

"죄송하지만 지금 시간이 너무 늦어서 꽃장식을 담당하는 부서는 퇴근했고, 내일 출근해서나 가능한데, 시간이 촉박해서 모든 장식을 변경하는 게 가능할지는 모르겠습니다."

그는 불가능을 가능하게 만들라는 불도저 정신을 갖고

있던 터라, 그래도 지금 누구라도 와서 어떻게 해보라는 식이었다.

'아니 꽃장식을 아무나 쉽게 다 할 거 같으면 플로리스트라는 직업은 왜 있는 건데!'

나의 짧은 침묵과 새어 나오는 한숨에서 그도 어쩔 수 없는 상황이라는 걸 알았는지 그러면 자기가 대충 가려보든지, 그 꽃송이만 빼든지 해보겠다며 전화를 끊었다. 그 시간에 길거리에 문은 연 식당은 없었다. 그래도 다행히 이 상황을 알게 된 과장이 객실에서 룸서비스라도 얼른 시켜 먹으라고 해주셨기에 하루 종일 쫄쫄 굶는 신세는 면할 수 있었다. 난 이 행사 준비로 호텔에 투숙하면서 매일 야근하는 24시간 대기조였다.

함께 일했던 담당자가 모두 시간과 장소 상관없이 요청을 한 건 아니었다. 어쩌면 나라마다 퇴근하고서도 업무 연락을 하는 게 그렇게까지 실례가 아닐 수도 있고, 고위직과 관련해서는 아랫사람들이 시간과 장소를 따져가며 일하는 것이 오히려 이상한 문화일 수도 있다. 사실 우리나라도 요즘에 그런 문화가 많이 없어졌지만 그리 멀지 않은 과거에는 야근이 당연했고, 회사에 오래 남아 있는 것을 애사심으로 간주하던 시기도 있었으니 말이다.

하지만 문화 차이로 이해하고 받아들이기엔 상식을 벗

어난 일들이 많았다. 자기소개서에 썼던 문장을 박박 지워 버리고 싶은 나날이었다.

'호주에서 지낸 시간 동안 저는 다양한 문화를 경험했고, 문화 차이를 개방적인 태도로 포용할 수 있습니다.'

다시 쓸 기회를 줘도 크게 달라지진 않겠지만, 이 기회를 빌려 써보자면 대충 이럴 것 같다.

'호텔에서 다양한 문화권의 사람들과 일하다 보면 여러 갈등과 마찰이 생길 수 있겠지만, 온전히 이해되지 않더라도 꾹 참고 맡은 바 일은 잘 해내도록 하겠습니다.'

호텔리어라면 언제나 고객의 상황을 이해하고 맘속으로 공감해야 마땅한 줄 알았다. 하지만 시간이 지나면서 스스로 만들어 놓은 도달 불가능한 틀에 나를 꿰맞추려 했다는 걸 알았다. 이해가 안 될 때는 억지로 이해하려 애쓰지 않았고, 가끔은 손님의 무리한 요구를 적당히 거절하기도 했다. 호텔리어가 무엇이든 이뤄 주는 마법사는 아니니까.

고객의 갑작스러운
무리한 요청

그럼에도 불구하고 호텔리어는 가끔 마법사가 되기도 한다. 어떤 불가능해 보이는 일도 짠하고 가능하게 만든다. 분명히 모자 속에 아무것도 없었는데, 곧이어 하얀 비둘기가 날아오르는 것처럼. 내 일상에서도 자유로이 마법을 부릴 수 있으면 좋겠지만, 안타깝게도 일할 때만 그렇다. 누가 봐도 무리한 요청이지만, 적당히 거절할 수 없을 때가 있기 때문이다. 어쩌면 요청한 사람들도 호텔이 어떻게든 해주겠지란 마음일지 모르겠다. 그 마음이 막무가내인 심보가 아니라, 본인들도 호텔에는 미안하지만 어쩔 도리가 없어 지푸라기라도 잡는 간절한 심정이길 바랄 뿐이다.

15분 후에 VIP가 미팅하는 상대방에게 건넬 대형 꽃다발이 필요하다든지, 연회장이 거의 다 차 있는 상황에서 그것도 추가 비용 없이 호텔 내에서 몇 시간 후에 회의할 장소가 필요하다든지, 수백 박 수의 객실 예약을 모두 진행한 상태에서 선발대로 며칠 먼저 도착한 담당자가 호텔에 당시 보수 공사로 문을 닫은, 수영장을 운영해 줄 수 없으면 다른 호텔로 가겠다든지. 지금 다시 생각해도 당황스러운 요구였지만, 모두 다 해결한 일이라는 것이 놀라울 따름이다.

꽃방은 호텔과 계약을 한 업체로 지하에 위치해 있고, 그때 난 호텔 고층 스위트룸 앞에서 곧 있을 미팅에 꽃다발이 필요하다는 이집트 방한단의 난감한 요구를 듣고 있었다. 행사에 필요한 꽃다발은 꽃방도 주문 수량에 맞게 꽃을 수급해야 하기에 평일 기준으로 최소한 3~4일 전에는 미리 주문해야 한다. 물론 불가피하게 급하게 주문할 때도 있긴 하다. 호텔에는 변수투성이인 일이 많으니. 그래도 이정도로 다급했던 적은 손에 꼽지 않을까.

옆에 서 있던 베테랑 과장은 분주히 휴대전화에서 꽃방 번호를 찾았고, 나에게는 얼른 출발하라는 손짓과 함께 "저 지금 내려가요?"란 나의 질문에 입 모양으로 '가!'를 외치고 있었다. 엘리베이터가 지하에 도착해서 문이 열리자마자 용수철처럼 튕겨나가 직원용 통로로 내달리기 시작했고, 꼬불꼬불 미로 같은 길 제일 안쪽에 있는 꽃방에 도착해 허리를 연신 꾸벅꾸벅하며 감사함을 채 다 표현하기도 전에 준비된, 품에 다 들어오지도 않는 꽃다발을 들고 질주했다. 다른 일 제쳐두고 급하게 이 꽃다발부터 만드느라 유쾌하지 않았을 텐데도, 그들은 나를 짠하게 바라볼 뿐이었다. 직원용 엘리베이터는 속도가 느려서 손님들 사이를 비집고 고객용 엘리베이터를 타고 초조하게 휴대전화 시계를 쳐다보았다. "땡" 문이 열리자마자 담당자에게 꽃다발을 안겨줬다. 담당자는 싱긋 미소로 감사를 표하고 꽃다발을 챙겨 급히 회의 장소로 들어갔다. 그도 나 못지않게 정신이 없어 보였다.

'예쓰! 성공!'

하지만 이것은 해피엔딩인가 세드엔딩인가. 꽃다발은 결국 사용되지 않았다.

대사관을 담당하고 나서 얼마 되지 않아 에티오피아 VIP 방한단을 맞았을 때였다. 한국에서 개최되는 포럼에 참석하기 위해 온다고 했다. 해당 대사관 한국인 직원과는 이전부터 일을 해왔고, 다행히 선발대가 오기 전까지는 그 직원이 모든 것을 전담해서 내게 필요한 사항을 잘 알려주었다. 문제는 선발대가 도착하고서부터였다. 소통 창구가 한 군데로 통일되지 않고 여기저기서 별개로 요구 사항을 이야기하기 시작했다. 그리고 마침내 몇 시간 후에 사용할 수 있는 회의 장소를 마련해 달라는 이야기를 듣고야 말았다. 그것도 무료로 사용할 수 있게 해주면 좋겠다고.

호텔은 엄연히 상업 시설이라는 걸 자꾸 잊어버리는, 아니 모른 척하는 손님들이 있다. 문제는 그날은 무료로 주고 싶어도 줄 수 있는 공간이 없었다. 여기저기 쓸만한 장소를 물어 찾던 중 예닐곱 명 정도 규모의, 현재는 손님들에게 개방하지 않아서 창고처럼 사용하는 회의실이 있었다. 여러 집기와 책상과 의자가 어지럽게 쌓여 있었다. 다행히 그 정도의 크기면 딱 알맞았고, 연회팀의 도움을 받아 테이블과 의자를 준비했고, 그날 반나절 동안 이곳에서 방한단은 회의와 인터뷰를 진행할 수 있었다.

"급하게 요청했는데 너무 공간을 잘 꾸며줘서 고마워요."

하루 종일 뛰어다니고 여기저기 요청하느라 진이 빠져 웃는 게 웃는 게 아니었지만, 그래도 고맙다는 말은 듣기 나쁘진 않았다.

수영장 건은 팀장은 물론 총지배인까지 관여했다. 터키 방한단이 예약한 수백 박이 취소되면 호텔에도 타격이 컸기 때문이다. 다행히 수영장 쪽은 본격적인 공사를 시작하기 전이라, 공사가 진행된 공간을 가림막으로 가리고 VIP가 진입할 수 있는 통로를 따로 만들었다. 원래대로라면 공사 기간이라 다른 업무에 배치되었을 직원들도 배치했다. 선발대로 온 그는 마련해 준 시설을 확인하고 만족했고 고마워했다. 그렇게 대량 취소라는 비극적 결말을 막을 수 있었다.

'휴, 어쨌든 한 건 클리어!'

이 이야기의 결말은 해피엔딩이었을까? 물론 행사는 잘 끝났다. 담당자도 고맙다고 덕분에 잘 마칠 수 있었다고 했다. 그런데 하루도 빠짐없이 수영장에서 운동을 한다는 VIP는 투숙 기간 중 한 번도 수영장에 얼굴을 비추지 않았다. 미안하다는 말은 없었다. 하하하.

'나는 왜 이 일을 계속하는 걸까?'

돈이라는 현실적인 이유 말고 이 일이 갖는 매력은 무엇일지 생각해 봤다. 앞서 나와 맞지 않는다고 생각한 일은 그만뒀지만, 이 일은 그와는 달리, 힘들긴 해도 바로바로 성취한 결과를 볼 수 있다는 매력을 갖고 있었다. 학창 시절 수학을 딱히 좋아하는 과목으로 꼽지는 않았다. 하지만 어려운 수학 문제를 끙끙거리며 마침내 풀어낸 그 순간엔 늘 뿌듯했고 희열감을 느꼈다. 탄력받아 한 문제 더 풀어볼까? 하면서 모의고사 하나를 다 풀어냈던 것처럼 행사를 담당하면서 '휴, 그래도 잘 해냈다. 한 번 더 해볼까?'란 마음이 들었다.

다른 분야에도 그때의 나처럼 애쓰고 있는 여러 마법사가 있겠지. 세상의 모든 마법사 파이팅!

불가리아 대통령 방한단이 남긴
첫인상의 여운

"주문하신 음식 나왔습니다."

"지이이잉(휴대전화 진동소리)"

"지배인님, 점심시간이죠? 급하게 요청할 일이 있어서….''

"괜찮습니다. 말씀 주세요."

통화 후 전화를 끊고 나니 시킨 음식의 면이 꽤 불어 있었지만, 배가 고팠던지라 허겁지겁 먹었다. 점심시간이나 퇴근해서나 아랑곳하지 않고 쉴 새 없이 휴대전화가 울리고, 출근해서 자리에 앉아 있을 때는 동시에 울리는 사무실 전화와 휴대전화 사이에서 어느 것을 먼저 받아야 하나 고민하는 일이 다반사였다. 전화뿐만 아니라 문자, 카카오톡, 왓츠앱까지 각양각색의 메신저 앱의 알람은 수시로 울렸고, 바로바로 읽지 못한 메시지의 숫자는 점점 늘어났다.

곧 한국에 올 불가리아 대통령 방한단이 우리 호텔에 투숙하기로 정해졌고, 지금보다 더 출퇴근의 경계가 흐려질 아찔한 기간을 예상하며 불가리아 대사관에 보낼 체크리스트 항목을 정리했다.

여러 외국 VIP 방한단 중에서도 특히 대통령 방한단은 호텔에서 미리 확인하고 준비해야 할 사항이 많았고, 대사관과 본국에서도 대통령의 일정과 선호에 맞추기 위해 호텔에 이것저것 많이 요구하기도 했다. 처음에는 뜨악하며 처리했던 요청들도 언젠가부터 '다들 이러니까' 하며 대수롭지 않게 받아들이는 경우가 늘어갔다. 상대가, 이 상황이 온전히 이해되어서라기보다는 '도대체 왜 이러는 거야?' 하고 속으로 따져봤자 스트레스만 더 쌓이기 때문이었다. '며칠만 버티자!' 불가리아도 마찬가지일 거로 생각했다.

체크인 당일, 대통령을 영접하기 위해 총지배인과 영접 꽃다발을 전달하는 컨시어지 직원과 함께 로비에서 방한단을 기다렸다. 드디어 일행이 도착했고, 큰 환영을 받으며 대통령이 먼저 경호원들과 함께 객실로 올라갔다. 영화배우 같은 외모에 온화한 미소를 띠면서 자신을 환영해 준 호텔 직원들에게 손을 흔들었다.

'대통령이 권위적으로 보이지 않네.'

뒤이어 도착한 일행들은 미리 준비해 둔 객실 키 데스크 쪽으로 안내했다. 방한단의 규모, 일정과 호텔 객실 상황에 따라 다르지만, 보통 방한단의 객실 키는 대사관 담당자가 본국에서 온 선발대에게 당일 체크인 전에 미리 전달하거나, 로비에 키 데스크를 따로 만들어서 쭉 펼쳐 놓고 판촉 매니저가 현장에서 전달한다. 이때도 마찬가지로 일행의 이름을 물으며 키를 건네주려고 데스크에 바짝 붙어 서 있었다.

"Oh, you don't have to. We can do it ourselves."

170이 넘어서 어디 가서 키 작다는 소리 들어본 적 없는 내가 봐도 큰 키의 여성이 긴 생머리를 찰랑거리며 괜찮다며 나를 말렸다. 싱긋 웃는 미소는 덤이었다. 그리고 그들은 질서 정연하게 각자 자기 이름표가 붙어있는 키 카드를 가져갔다. 동료 이름이 보이면 여기 네 것 있다며 건네주기도 하면서 말이다.

'뭐지? 나 그냥 여기 멀뚱멀뚱 서 있어도 되는 건가? 이름이 적혀 있으니 잘 찾아가겠지만.'

데스크에서 조금 떨어진 곳에 서 있던 나는 익숙지 않은 풍경에 무언가라도 도와야 할 것 같았지만, 내가 따로 도와줄 일은 생기지 않았다.

투숙하는 동안도 조용했고, 오히려 다른 거래처의 요청을 처리하느라 바빴다. 무리한 요구를 하지 않는 불가리아 방한단이 고마우면서도 이게 잘 돌아가고 있는 건지 괜히 혼자서 걱정하기도 했다. 체크아웃 날, 투숙객 개인이 지불해야 하는 비용이 모두 잘 정산되었는지 시스템에서 확인하던 중 나는 또 한 번 놀랐다. 이렇게나 개인적으로 지출한 비용이 없을 수 있다니. 대통령조차 일정상 방에서 간단히 아침 식사를 해야 한 날, 룸서비스에서 샌드위치 하나를 주문한 게 전부였다.

많은 나라의 VIP가 호텔에서 식사할 때는 판촉 매니저를 통해 미리 룸서비스에 메뉴를 주문해서 대기 시간을 최소화하기도 하고, 클럽 라운지에서 조식을 이용할 경우에는 예약을 사전에 받지 않음에도 해당 시간에 테이블을 미리 잡아달라든지, 어떨 때는 호텔 식음업장의 오픈 시간을 당기거나 혹은 종료 시각 연장을 요청하기도 했다. 그런데 난 불가리아 대통령이 그날 조식을 방에서 주문해 먹었다는 걸 체크아웃하는 날이 되어서야 안 것이다.

'사람 좋은 인상을 풍기시더니 까다롭지 않으신가 보네.'

방한단은 내가 느낀 첫인상 그대로 마지막까지 매너 있는 태도로 호텔 직원들에게 인사를 하며 로비를 나섰다. 그 이후, 우연히 TV에서 「세계테마기행」의 불가리아 편을 본 적이 있다. 프로그램 속에서 보이는 불가리아 사람들의 모습은 역시나 검소했고, 급하지 않고 여유 있게 일상을 보내고 있었다. 아직 불가리아에 직접 가보지 못했지만, 9년이란 시간이 흐른 지금도 불가리아에 대한 인상은 매우 좋게 남아 있다.

호텔리어로 일하기 전에, 여러 나라 사람을 만나고 그들의 문화를 경험하고 싶어 했고, 호텔에서는 그런 바람을 채울 수 있을 거로 생각했던 초심이 떠올랐다. 그동안엔 일에 치여서, 평소에 쉽게 접하지 못할 나라의 사람들과 일을 하면서도 나의 바람을 이루고 있다는 걸 감사히 여기지 못했다. 이제 겨우 시작일 뿐일 판촉 일에 압도될 무렵, 다행히 불가리아는 호텔에서 일하길 잘했다는 마음이 들게 해주었다. 언젠가 한 번은 불가리아에 직접 가보고 싶다. 문득 궁금해졌다. 그동안 마주했던 여러 나라의 사람들에게 한국은, 그리고 나는 어떤 인상을 남겼을까.

객실에 차 좀
준비해 주실 수 있을까요?

　호텔에 머무는 손님들의 요청은 정말이지 각양각색이다. 이날은 거래처 담당자가 본인도 이런 부탁을 하고 싶지 않다는 듯이 머뭇거리며 선뜻 말하지 못했다. 수화기 너머 잠깐의 침묵 끝에 들려온 말은 이러했다. 자신의 손님이 오랜 비행으로 피곤해서 호텔에 도착하자마자 씻고 싶어 한다. 그런데 그녀는 욕실에 수증기가 가득한 상태를 좋아한다나.

　'그래서 뭘 원하는 거지? 호텔 사우나 가시면 될 것 같은데.'

　"죄송하지만 손님이 20분쯤 후에 도착하는데, 지금 방 안 욕조에 뜨거운 물을 가득 받아 주실 수 있을까요? 물이 식는 건 상관없어요. 그냥 받아서 수증기만 생기면 돼요."

'저는 그 손님의 개인 비서가 아닙니다만.'이라고 얘기하고 싶었지만, 뜨거운 물만 틀어놓고 적당히 차면 끄면 될 일이니 못 한다고 거절하기도 애매했다.

한 번은 욕조에 얼음을 부어 달라는 경우도 있었다. 맥주를 시원하게 보관하기 위해서 말이다. 하하. 생각지도 못한 기발한 아이디어 아닌가. 하우스키핑이나 룸서비스에 손님의 이런 요청을 전달해야 할 때는 나도 참 곤욕스럽다. 하지만 보통 나보다 더 오래 호텔에서 근무한 분들이라 익숙해서 그런지, 아니면 이런 부탁을 하는 내가 안쓰러웠는지 모르겠지만 '아이고', '허허' 정도의 짧은 탄식을 내뱉을 뿐 안 된다는 말은 거의 하지 않았다. 그만큼 호텔은 융통성을 발휘해야 하는 상황이 아주 빈번하게 발생한다.

하지만 직원도 사람이다 보니 모든 예상 밖의 요청에 너그럽지 못할 때도 있다. 대체로 한두 명씩 개인 출장 목적으로 와서 머무를 경우는 단체 손님보다 신경 쓸 일이 많지 않다. 그런데 간혹 손님 한두 명이 열 명, 스무 명의 단체가 투숙할 때보다 더 까다로워서 손이 많이 가는 경우도 있다. 이날은 하필 그런 손님 두 명이 동시에 체크인했다. 한쪽 일을 처리하고 있으면 다른 쪽에서 전화하고, 이쪽 일이 마무리되는 대로 저쪽으로 달려가며 동분서주하던 그때, 또다시 진동이 울렸다.

"매니저님, 또 전화드렸네요. 손님이 한 10분, 15분 내로 호텔에 도착하실 텐데, 혹시 객실에 차 드실 수 있게 준비해 주실 수 있나요?"

"차는 객실에 티백으로 준비되어 있고 티포트도 있어서, 물만 끓이면 드실 수 있어요. 걱정 안 하셔도 되세요."

"아, 그게 아니라… 혹시 뜨거운 물에 티백을 미리 넣어 주실 수 있으실까요? 도착하셔서 바로 드시고 싶나 봐요."

'하아… 그럼 룸서비스로 미리 주문하시든가.'

또 호텔 직원을 개인 비서처럼 여기는 손님의 요청에 속은 부글부글 끓었지만, 컵에 물을 붓고 미리 티백을 넣어두는 일이 절대 하지 못할 어려운 일은 또 아니었기에 이번에도 단호하게 거절하지 못했다.

"그런데 손님 오셨을 때 차가 식을 수도 있는데, 괜찮으실까요?"

"네, 그럼 손님이 뜨거운 물 더 붓거나 뭐 알아서 하실 거예요. 부탁드려요."

흔하지 않은 손님의 요청을 유관 부서에 부탁해야 할 때는 차라리 내가 직접 처리하는 게 속이 편하다. 이때도 내가 가서 얼른 뜨거운 물에 티백을 넣어두고 오고 싶었지만, 같은 날 체크인을 하는 다른 손님 일에 발이 묶여 있던 상태라 하우스키핑에 연락을 했다. 역시 별로 달가워하는 목소리는 아니었지만, 그래도 알겠다는 말과 함께 전화를 끊었다.

"매니저님, 감사해요. 손님은 잘 들어가셨고, 별다른 말씀 없으신 걸로 보아 차도 잘 드신 것 같아요. 이런 것까지 요청드려서 저도 민망하네요."

다행히 차 사건은 잘 마무리가 된 듯했다. 한 건은 잘 끝났으니 다른 일을 마무리하려고 분주히 자료를 정리하던 때, 사무실로 전화가 왔다. 아까 통화했던 하우스키핑 매니저였다.

"앞으로는 이런 요청은 혜수 매니저 선에서 거절하면 좋겠어요. 정 안되는 상황이면 직접 하든지 하고요. 우리가 할 일은 아닌 것 같아요."

"매니저님, 좀 전에 말씀드렸던 것처럼 제가 직접 갈 수가 없는 상황이었고, 티백이 객실 물품이라 부탁드렸던 건데, 기분 상하셨다면 죄송합니다."

빈 객실에 미리 차 세팅을 하는 일이 아주 드물긴 하지만, 어쩌다 특이한 손님에게 한 번 해주는 정도의 융통성은 발휘할 수 있을 거라 여겼다. 하지만 나의 착각이었나 보다.

'하… 진짜 다들 너무 자기 생각만 한다. 손님이 직접 하우스키핑에 연락해서 해달라고 요청하면 거절 못 하고 해

줄 거면서 판촉 직원한테는 거절하라니. 정 안 되면 직접 하라고? 못하는 상황이니까 부탁드린 건데, 진짜 너무하시 네.'

굳이 다시 전화를 걸어 네 일, 내 일 따지는 매니저가 야 속했다. 그날따라 일에 치여 피로가 쌓일 대로 쌓였고 눈 에는 눈물이 차올랐다. 사무실에서 우는 모습을 보이고 싶 지 않아 얼른 복도 계단 쪽으로 향했다. 계단 문을 닫고 벽 에 기대자마자 참았던 눈물이 쏟아졌다. 한 번 터진 눈물 은 그칠 줄 몰랐다. 눈은 분홍빛으로 충혈되었고, 눈두덩이 는 부어서 누가 봐도 운 티가 났다.

좀 진정된 이후 문득 이런 생각이 들었다. 어쩌면 그 매 니저도 그날따라 일이 바빴고, 번거롭거나 특이한 요청을 많이 받았을지도 모른다고. 그러다 하필 그 매니저가 임계 점에 다다른 순간에 내가 전화를 걸어 또 이상한 부탁을 한 것일지도. 나도 평소라면 그냥 대수롭지 않게 "아휴 매니저 님, 고생하셨습니다. 그렇죠, 뭘 그런 요청을 하는지, 저도 매니저님께 부탁드릴 때 어찌나 곤란하던지…. 그래도 잘 처리해 주셔서 감사합니다." 하고 능구렁이처럼 넘어갈 수 있었을 텐데, 그날은 손님이 아닌 다른 누군가의 불평을 감 내할 여유가 없었다. 결국 그 마음은 뾰족한 가시처럼 날 선 비난으로 표출됐고, 속으로 끙끙대다가 벅차오르는 감정을 추스르지 못한 채 속절없이 울어버린 것이다.

나도 여유가 없었던 것일까. 그 전화를 받았을 때, 잠깐 생각을 멈추었더라면 어땠을까.

호텔에는 치명적인
감염병 발발

'저는 상대방의 입장에서 생각하는 태도를 가지고 있습니다.'

자기소개서에 자주 썼던 강점 중의 하나이다. 주변에서 그런 이야기를 자주 들어왔고 자꾸 듣다 보니 더 그렇게 된 것 같다. 서비스업에서 일하는 직원에게 요구되는 점이기도 하니, 시간이 흐를수록 스스로도 그런 사람이라 여기며 지냈다. 그런데 일을 하면서 항상 다른 사람을 먼저 생각하거나 회사 입장을 먼저 고려하는 일이 쉽지만은 않았다.

2015년 우리나라에 감염병 메르스가 돌아 갑작스럽게 예정된 행사들이 줄줄이 취소되고 신규 예약 문의도 뜸해졌다. 사람들이 모여야 매출이 올라가는 호텔업에 감염병 발발은 치명타였다. 5년째 지속되고 있는 코로나에 비하면

국내에서는 비교적 짧은 기간에 종식 선언되었지만, 당시에는 신종플루 이후로 오랜만에 퍼진 감염병이었고 치사율도 높아 사람들의 두려움은 날로 커져만 갔다.

객실 판매가 잘 돼서 실적이 좋을 때는, 판촉 매니저들은 진행 중인 행사 진행하랴, 거래처 담당자, 그리고 호텔 유관 부서와 진행할 행사 조율하랴, 정신없이 바빠서 사무실에 앉아 있을 수 있는 시간이 별로 없다. 자연스레 부서 내 회의도 하기 힘들어진다. 매출이 좋으니, 위에서도 매니저들을 불러 모을 필요가 없기도 하고 말이다. 문제는 실적이 저조할 때이다. 이때는 출근하자마자 오전 회의, 퇴근하기 전에 오후 회의가 매일 반복된다. 그날이 그날 같은, 어떨 때는 요일마저 헷갈릴 정도이다.

"매니저님, 대책안 몇 개 쓰셨어요? 저 2개 겨우겨우 썼는데 더 이상 떠오르지 않아요."

"나도 마찬가지지 뭐…. 나 이런 거 썼는데, 너 거래처에 적용할 만한 거 있으면 참고해 봐."

각자 자리에서 컴퓨터 화면을 쳐다보다 떨어진 실적에 한숨을 쉬면서도 키보드를 끊임없이 두드리고 있었다. 모니터 화면에는 하나같이 '메르스 관련 대책 자료'라는 글자가 보였다. 옆자리 동료들과 서로 아이디어 품앗이를 해가며 오늘이 마감 기한인 자료의 빈칸을 채워나갔다.

감염병이 도는데 회의를 자주 한다고 사람들이 올 리 만무하다. 그럼에도 1% 가능성이라도 있을까 싶은 대책을 꾸역꾸역 만들어 내야만 했다. 이런 시기의 회의실 공기는 당연히 차갑고 무겁다. 자유롭게 아이디어를 주고받는 분위기가 아니라 현재 각자 이번 달 몇 방을 팔았으며, 앞으로 예상되는 추이는 어떻게 되며, 또 오늘은 어느 거래처를 방문할 예정이고, 퇴근 전 오후 미팅에서는 실제로 어디를 다녀왔는지를 보고하는 자리였다. 전혀 생산적이지 않은 시간이지만 위에서도 이를 몰라서 직원들을 소집하는 건 아니었다.

"그런데 메르스가 끝나야 뭐라도 할 수 있는데 지금, 이 와중에 대책이 어디 있다고 왜 우리만 들들 볶는 걸까요? 요즘은 거래처에 찾아간다고 해도 별로 달가워하지도 않고 다 조심스러워하잖아요. 사무실에 앉아 있어도 마음이 불편하고, 거래처 찾아가도 민폐 끼치는 것 같아요."

계속 실적 압박을 받다 보니 자꾸 아래 직원들만 쪼아대는 윗분들이 야속해졌고, 나는 점점 투덜이 스머프가 되었다. 그러면서도 스스로 상대방의 입장을 잘 배려한다고 생각한 내가 이 사람들에게는 이래도 되는 것일까 맘속이 복잡했다. '상대방의 입장에서 생각하는 태도'는 단지 고객을 잘 응대하는 데에만 유용한 것이 아니라, 이렇게 힘든 시기를 버텨낼 수 있는, 회사에도, 나에게도 득이 되는 자세일지도 모른다는 데까지 생각이 미쳤다.

마침 임원 보고를 다녀온 팀장의 얼굴엔 그늘이 한가득이었다. 분명히 한 소리 아니 열 소리는 족히 듣고 나온 모습이었다.

'그래, 담당 매니저들만 힘든 게 아니지. 위로 올라갈수록 책임져야 하는 영역도 커지고 그만큼 더 압박과 부담을 느끼시겠지. 뾰족한 수가 없다는 걸 알지만, 그렇다고 아무것도 안 하고 가만히 있을 수는 없으니까 아래 직원들에게 뭐라도 시키는 거겠지, 휴.'

이런 어려운 시기에도 나는 출근해서 일할 자기 자리가 있고, 매달 정해진 날에 월급을 받았다. 하지만 회사는 예전만큼 돈을 벌지 못해도 매달 나가는 고정 비용이 줄어들진 않으니 관리자 입장에선 담당 직원들이 사무실에 앉아만 있으면 답답할 만도 하다. 내가 사장이어도 밖에서 뭐라도 하나 시도해 보려고 하는 직원이 예뻐 보일 것 같으니 말이다. 위에서도 행사가 별로 없으니, 직원들이 바쁘지 않은 걸 뻔히 알고 직원들도 윗분들의 그런 시선을 알기에 적당히 눈치껏 눈에서 안 보이게끔 사라져 줄 필요가 있었다. 가끔 너무 지치거나 거래처와 약속 잡기가 힘든 날에는 밖에 아무 카페에 들어가서 거기서 일을 할 때도 있었다.

그게 무슨 의미가 있냐고 묻는다면, 생산적인 면만 따졌을 때 호텔에 별다른 돌파구를 마련해 주거나 당장의 매출을 증대시켜 주진 못할 가능성이 높다. 하지만 늘 좋은 시기만 있지 않듯이 또 힘든 시기만 계속되지도 않는다. 상황이 반전되었을 때 서로가 그동안 고생했다며 토닥여 줄 수 있으려면, 힘들 때 서로의 마음을 이해하려는 노력이 먼저다. 직원들이 각자 컨디션을 잘 조절하면서 적당히 회사 눈치를 보며 윗분들의 마음을 달래 주는 것도 필요한 이유이다. 똑같이 별다른 성과가 없는 결과를 가져올지라도, 뭐라도 해보려고 애쓴 직원과 그저 무기력하게 있던 직원에게 가는 윗분들의 시선과 말의 온기는 분명히 다를 것이다.

반년쯤의 시간이 흘러 메르스는 종식되었고, 그동안 미뤄졌던 행사 문의가 물밀듯이 몰려왔다. 그동안의 맘고생을 털어버리는 회식 자리는 덤이었다. 언젠가 다시 이런 위기가 찾아올 수 있겠지만, 그때도 서로 각자의 위치와 입장 안에만 갇히지 않는다면 또 잘 극복할 거고 이렇게 맥주잔을 기울이고 있지 않을까.

말 한마디로 천 냥 빚까지는
아니더라도

"다른 건 전혀 안 그런데, 말에 너무 엄격해."

신혼 때, 남편이 자신의 말투와 단어 사용을 은근슬쩍 지적하는 내게 웃으면서 푸념했다. 나는 평소에 완곡하게 돌려서 이야기하는 편이고, 내가 들어서 기분이 나쁠 것 같은 말은 상대방에게도 되도록 하지 않으려 한다. 그래서 '난 직설적이지만 뒤끝이 없어.'라고 자신의 쿨함을 강조하는 사람을 가까이하기에 조금 버겁기도 하다. 내가 직설적이지 않은 만큼 그런 대화방식을 선호하지 않기 때문이다. 남편도 말을 조심히 하는 편임에도 신혼 때는 내 기준이 너무 높고 빡빡하다고 여긴 듯하다. 지금은 내가 조금 목소리를 크게 내면, 자기에게 윽박질렀다고 일부러 더 과장하면서 사람이 변했다며 나를 면박 준다. 하하.

그런데 말에 예민한 건 우리나라의 전통적인 문화일지도 모르겠다. '말 한마디로 천 냥 빚을 갚는다.'라거나 '가는 말이 고와야 오는 말이 곱다.'처럼 고운 말의 중요성을 강조하는 옛 속담이 많은 걸 보면 말이다. 그리고 난 호텔에서 일하면서 예쁜 말의 힘을 자주 경험했다.

객실판촉 대사관 담당에서 3년간의 근무를 끝으로 연회판촉 기업체 담당으로 업무가 변경되었다. 한 단체를 유치했을 때 그들이 호텔에서 투숙만 하기도 하지만, 호텔 연회장에서 행사를 함께 진행하는 경우도 많고, 당일 행사인 경우 투숙 없이 연회장만 사용하기도 한다. 그때 연회판촉 담당 매니저는 연회 행사에 필요한 테이블 세팅과 무대 및 각종 설비 설치, 식음에 대해 호텔 내 유관 부서, 호텔과 계약한 외부 업체, 그리고 거래처 담당자와 긴밀하게 소통하면서 행사를 준비한다.

일주일가량 글로벌 화장품 기업의 아시아 지역 워크숍이 호텔에서 진행될 때였다. 담당 매니저였던 나는 상해의 행사 담당자와 사전에 수시로 이메일을 주고받으며 필요한 사항을 꼼꼼하게 챙겼다. 하지만 워낙 참가자들이 여러 지역에서 모이다 보니 그 담당자도 정확한 정보 확인이 쉽지 않아 보였다. 같은 질문을 여러 번 해야 그제야 답을 주는 빈도수가 점점 늘어갔고, 갑작스럽게 변경되는 사항들도 생겼다.

"오늘 행사 만찬 때 8명은 채식으로 변경해 주세요."

"당일이라 변경이 안 될 수도 있지만, 한번 확인해보겠습니다."

뒷골이 당겨왔다. 식재료 주문을 위해 보통 늦어도 행사 3일 전에는 식음 메뉴를 확정 짓는다. 그런데 당일 변경이라니 머리가 지끈거렸다. 그것도 흔하게 주문하지 않는 채식. 채식으로만 메뉴를 구성할 수 있을 정도의 식재료가 충분히 남아 있지 않다면 만들어 주고 싶어도 만들 수가 없는 상황이었다.

"조리장님… 저 연회판촉의 권혜수입니다. 오늘 ○○행사 만찬에서 갑자기 채식 메뉴 8인분을 요청하셔서요. 가능할까요?"

"아니, 당일에 갑자기 채식이라뇨. 아후…."

된통 욕먹을 각오로 연락했기에 이 정도 반응이면 양호했다. 목소리로만 상황의 급박함과 미안한 마음을 전하기엔 역부족이라 호텔 조리실로 달려갔다.

"조리장님, 너무 죄송해요. 어떻게… 가능할까요?"

문을 살짝 열고 엉거주춤 조리실로 들어서며 통화한 조리장님을 찾아 두리번거렸다.

"연회판촉 권혜수 매니저예요? 김 조리장님이 노발대발

하는 거 내가 판촉 매니저가 무슨 잘못이냐며 진정시켰어. 뭐 일단 있는 재료로 준비해 봐야지 어쩌겠어.”

“너무 죄송하고 감사해요. 저도 거래처에 연락받고 너무 기가 막히더라고요. 이걸 어떻게 또 부탁드리지 싶었는데 정말 감사해요.”

조금 있다가 안쪽 다른 방에 있던 김 조리장이 나와선 한숨을 크게 내쉬곤 바짝 움츠러들어 있는 날 보더니 툭 말을 건넸다.

“8명이면 되는 거지? 더 늘어나면 안 돼. 재료도 없어. 그땐 나도 뭐 어떻게 못 해.”

“네네!! 감사해요. 더 말하면 그땐 제가 제 선에서 자를 게요!”

“저녁 식사 건은 걱정하지 말고 가서 일 봐요. 뭘 또 직접 찾아왔어. 바쁠 텐데 얼른 가요.”

그날 만찬은 잘 마무리되었고 상해 담당자도 갑작스럽게 요청했는데도 이렇게 잘 진행해 주어서 정말 고맙다며 연신 밝은 미소를 보였다. 만일 내가 조리실에 사무적인 투로 변경 사항만 전화로 전달했다든지, 이런 급작스러운 변경이 조리실은 얼마나 부담인지 공감하지 못했어도 이렇게 원만하게 해결이 되었을까? 8인분의 채식 메뉴는 완성이 됐다 하더라도, 그 이후로 조리장과 원만한 관계를 유지하지는 못했을 거다.

연회 행사에서 거래처 담당자들의 단골 질문 중의 하나가 좀 더 낮은 메뉴 단가는 없냐는 것이다. 외부에서 보기에는 호텔 음식값이 비싸게 느껴지지만, 호텔에서는 워낙 좋은 식재료를 선별해서 수급하기에 원가 비중이 매우 높다. 연회장마다 최소 매출 기준이 있어서 그 기준선을 넘지 못하면 행사를 진행하는 게 오히려 손해인 경우도 있다. 그런데 또 판촉에서는 매출을 올려야 하기에 부서마다 미묘한 입장 차이가 있다.

이날도 메뉴 가격 조율을 위해 동료 매니저와 함께 책임 조리장님을 만나러 갔다.

"우리도 손님들한테 더 잘해주고 싶지. 그런데 이렇게 하면 진짜 남는 게 없어."

"그렇죠. 요즘 식재료 가격이 엄청 올랐죠…. 저도 손님께 이게 최저라고 몇 번을 말씀드렸는데, 그래도 방법이 없냐고 계속 물으셔서…."

"그럼, 메뉴를 조금 조정해서 단가를 낮춰볼게. 이 구성 그대로는 낮출 수가 없어."

"조리장님, 이건 안 빼실 거죠? 하하."

손님들이 좋아하는 음식을 손가락으로 가리키며 겸연쩍게 웃었다. 단가가 많이 나가는 음식이었기에.

"아이고, 알았어. 그럼, 그건 안 건들고 대신 이거랑 이거 두 개 빼고. 단가 1만 원 낮추고."

"우아! 감사합니다!!"

"다음엔 이런 거 없어. 알지?"

공감하는 말과 표정의 힘을 또 한 번 경험한 날이었다. 말 한마디로 천 냥 빚까지는 아니더라도 행사 진행을 수월하게 할 수 있었다. 그렇다면 같은 말도 이왕이면 예쁘게 해볼 만하지 않은가. 업무를 좀 더 쉽고 편하게 진행하는 비법이 될지도 모를 일이다. 평소에 "그 말도 네가 하니까 들어주는 거야."라든지 "같은 말도 혜수가 하면 좀 달라." 같은 얘기를 종종 듣는다. 그런데 생각해보면 원하는 결과를 계산하고 말을 하진 않았다. 아마도 그랬기에 듣는 분들이 나의 공감하는 마음 자체를 있는 그대로 예쁘게 받아주신 것 같다. 이런 경험들 덕분에 믿게 되었다. 공감에는 닫혀 있던 서로의 마음을 살며시 열게 만드는 힘이 있다고.

응급실행,
불안감과 책임감 사이

중고등학교 때 시험지에는 '알맞은 것을 고르시오.' 혹은 '알맞지 않은 것을 고르시오.' 이런 문제들이 자주 등장했다. 딱히 틀릴 만한 문제가 없었던 것 같은 시험에서도 채점하고 나면 한두 문제 틀릴 때가 있었다. 맞는 걸 골라야 하는데 틀린 걸 골랐거나 틀린 걸 찾다가 갑자기 맞는 것을 찾고 넘어가 버린 경우였다. 이런 덜렁대는 성격은 여기저기서 드러났다. 중학교 때 점심 도시락을 갖고 가야 했는데 아침에 정신없이 집을 나서다 보면 도시락을 현관 앞에 두고 가서 뒤늦게 발견한 엄마가 점심시간 전에 가져다준 적도 많다. 그것도 현관에 두면 잊어버리지 않겠거니 하고 일부러 잘 보이는 곳에 놔둔 건데도 말이다. 하굣길엔 친구들과 집 방향이 달라 헤어져야 하는 갈림길에서 잠시 서서 이야기를 나누는 게 일상이었다. 신나게 웃고 떠들 때, 잠시 옆에 놔둔 도시락 가방을 그대로 길바닥에 둔 채로 집에 돌아와서 한참 후에 깨닫고 부리나케 달려가기도 했다. 그러다 보니 엄마는 "혜수야, 덜렁대지 말고 꼼꼼하게 잘 챙기고."란 말을 자주 했다.

성인이 되어 입사하고 나서도 덜렁대는 성격이니까 남들보다 더 신경 써서 적어두고 확인해야 한다고 끊임없이 스스로에게 인지시켰다. 이런 노력 덕분인지 사회에서 만난 사람들은 나를 비교적 꼼꼼한 사람으로 바라봤다. 엄마도 가끔 같이 외출하는 차 안이나 집에서 내가 업무 전화를 받고 처리하는 모습을 보면서 "우리 딸 달라 보이네." 할 정도였으니 발전하긴 많이 발전했던 모양이다.

프런트나 판촉팀의 업무는 대부분 되도록 빠르게, 늦어도 퇴근 전에는 고객의 요청에 답을 주어야 했기에 그날 해결해야 할 일들을 잊어버리지 않기 위해 종이에 꼭 적어놓았고, 처리할 때마다 하나씩 줄을 그어 지워갔다. 그럼에도 여기저기서 동시에 요청을 받다 보면 가끔 깜박하는 일이 생겼다. 다음날 처리해도 되는 일일 때는 안도의 한숨을, 늦더라도 손님께 연락을 해야 하는 경우에는 남편과 저녁을 먹다가도 만사 제쳐두고 이메일이나 문자를 보냈다. 그런데 나는 불안한 마음에 퇴근해서도 그 일을 쥐고

발을 동동 구르며 전전긍긍한 반면 막상 손님은 "어머, 이렇게 늦은 시간까지 신경 써주셔서 감사해요. 내일 오전에 해결해 주셔도 되는데."라고 말하는 경우가 많았다.

거래처에 견적서를 보낼 때도 숫자 '0'이 제대로 들어갔는지, 세금을 포함해서 기재했는지, 포함되는 혜택과 불포함인 사항을 잘 적었는지 등등 확인에 확인을 거듭하고서 전송 버튼을 눌렀다. 그래 놓고도 갑자기 나중에 '내가 잘 보냈었나?' 하고 보낸 편지함에 들어가 다시 이메일 첨부 파일을 확인하고서야 맘을 놓았다. 사소한 실수 하나도 하고 싶지 않았고, 혹여나 실수해서 다른 사람들에게 피해를 주거나 그로 인해 벌어질 일들을 뒷수습하는 모습은 상상조차 하고 싶지 않았다. 담당 매니저가 가져야 할 책임감과 의무라고만 여겼다. 그런데 이 책임감은 점점 나를 옥죄었고, 마음을 불안하게 만들었고, 일 외의 다른 것과의 균형에 균열을 가져왔다.

"팀장님, 제가 몸이 너무 안 좋아서 병원에 잠시 다녀오겠습니다."

"무슨 일이야. 어어… 얼른 다녀와. 혼자 갈 수 있어?"

나는 말없이 고개만 힘겹게 끄덕였고, 등을 구부린 채 왼쪽 가슴 쪽을 부여잡고 있는 나의 창백한 얼굴을 본 팀장은 근심 가득한 표정으로 얼른 다녀오라는 손짓을 했다.

사무실 건물 밖으로 나오자, 통증이 너무 심해서 눈물이 콸콸 쏟아져 나왔다. 다행히 부모님 집이 근처였기에 연락을 받은 엄마는 부리나케 나를 데리러 나왔고 회사 근처 대학 병원 응급실로 향했다.

예전에도 한두 번 아팠던 적 있었지만, 다행히 집에 있을 때였고 통증이 이렇게까지 강하고 오래가진 않았다. 응급실로 향하는 동안 엄마도 나도 걱정이 되었지만, 둘 다 입 밖으로 걱정하는 바를 이야기하진 않았다.

응급실에 다행히 누울 수 있는 침대가 있었고 수액을 맞으면서 여러 검사 결과를 기다렸다. 그 와중에도 편히 누워있지 못한 채 휴대전화로 이메일과 문자를 확인하고 손님에게 온 전화를 받으며 일 처리를 했다.

"네, 제가 내부적으로 확인하고 가능한지 금방 다시 연락드릴게요."

"혜수야, 지금은 통증이 어때? 좀 누워있어."

엄마의 걱정스러운 말은 듣는 둥 마는 둥 하며 손님의 요청 사항을 해결하기 위해 프런트로 전화를 걸었다. 앞에 손님이 많은지 프런트와 전화 연결이 쉽지 않았다. 잠시 전화를 끊고 다시 전화를 걸려는 순간 배터리가 다 떨어져서 휴대전화가 꺼져버렸다.

"악! 정신없이 나와서 보조 배터리 없는데. 엄마 있어?

아, 이거 검사 결과 왜 이렇게 안 나와? 이제 통증 좀 나아진 거 같은데 그냥 가면 안 돼? 손님한테 빨리 연락해줘야 하는데 미치겠네! 진짜."

가끔 드라마에서 주인공이 맞고 있는 수액 줄을 뽑고 병원 밖으로 향하는 장면이 등장하는데, 난 그럴 때마다 '실제로 저렇게 수액 줄 뽑는 사람이 있을까? 저거 다 맞고 가도 아무런 일 안 생길 텐데. 자기 몸을 챙겨야 뭐라도 하지.'라며 드라마니까 생기는 일로 치부했다. 그런데 그런 내가 팔에 꽂혀 있는 수액 줄을 보며 잠시 고민했다. 혼자 뽑을 용기는 없고 간호사에게 이제 괜찮으니 그냥 빼달라고 해야겠다며 말이다.

"혜수야! 진정해. 그거 좀 있다가 연락한다고 아무 일 없어. 그렇게 아파서 눈물 콧물 쏟으면서 와놓고 검사 결과를 봐야지."

다행히 검사 결과 특이점은 없었다.

"스트레스 너무 받지 마세요. 스트레스 많이 받으면 이유 없이 몸이 아플 때가 많아요. 몸이 건강한 게 우선이에요."

"그것 봐. 괜찮다니까. 엄마 얼른 가야겠다."

"혜수야, 일할 때 숨 쉬어 가면서 해. 그렇게 매일 불안해하면서 어떻게 지내니."

엄마 말대로 아무런 일도 생기지 않았다. 퇴근길 지하철에 운 좋게 비어있는 자리에 털썩 주저앉았다.

'아까 왜 그렇게까지 초조했을까? 급한 일이었어도 나랑 연락이 안 되면 그 손님도 호텔에 따로 연락했을 것이고, 심지어 일분일초를 다투는 일도 아니었는데….'

수년이 지난 지금, 성격이 아예 달라졌다고 할 수는 없다. 하지만 일하다가 너무 나를 몰아세우는 느낌이 들 때는 잠깐 눈을 감고 호흡한다. 내가 왜 그렇게 안달일까? 괜찮다고, 다 괜찮을 거라고. 사람이니까 실수할 수도 있는 거라고. 방전될 것 같은 마음을 잘 토닥였다. 오늘 집으로 가는 길에 들은 플레이 리스트에서 노래가 흘러나왔다.

'수고했다고. 더 잘할 수 있었단 말로 채찍질하지 마. I did a freaking good job. 이 정도면 뭐 편히 쉬어도 돼.'

Chapter 3

손님,
더 필요하신 사항
있으실까요?

그저 운이 나쁜
하루였을 뿐

"더 궁금하신 사항 있으십니까?"

"괜찮습니다. 감사합니다."

종종 통신사와 카드사 고객센터에 전화하거나 손님으로서 호텔에 문의하게 될 때가 있다. 대화를 마무리할 때쯤에 늘 추가로 궁금한 점은 없는지 확인하는 직원의 목소리에 호텔에서 손님에게 같은 질문을 하는 내 모습이 겹쳐졌다.

직원들의 서비스 질을 평가하기 위해 시행하던 제도 중 하나인 미스터리 쇼퍼는 평가자가 일반 손님처럼 전화로 문의하거나 호텔을 실제로 방문해서 서비스를 받아 본 후 점수를 준다. 회사 외부의 서비스 평가 기관에서 구성한 미스터리 쇼퍼는 특정 기간 내에 호텔 서비스를 이용한다는 정도만 알려져 있다. 서비스는 정량적으로 수치화하기 어렵다 보니 몇 가지 항목을 잘 지켰는지로 평가된다. 전화를 받을 때 소속과 이름을 밝혔는지 여부, 손님이 요청한 서비스 가능 여부를 확인하고 나서 '기다려 주셔서 감사합니다.'라든지, '오래 기다리시게 해서 죄송합니다.'와 같은 쿠션 멘트를 잘 사용했는지, 대화 중간 손님의 말에 적절하게 호응했는지, 업무 절차상 오류는 없었는지, 대화 마무리 시에 '더 필요하신 사항 있으신가요?'와 같은 추가 문의 사항 여부를 확인했는지 등으로 말이다.

"자, 다들 매뉴얼 잘 숙지하고 있지? 전화로 손님 응대 시에 신경 쓰고 특이한 질문 많이 하는 사람은 미스터리 쇼퍼일 가능성 있으니 더 주의하자."

프런트 매니저는 팀원들에게 응대 시 주의할 점을 당부했다. 옆자리 선배가 걱정하는 나를 보며 말했다.

"전화 받다 보면 느낌이 오는 사람이 있어. 아! 미스터리 쇼퍼구나 싶다니까. 걱정하지 말고 그냥 평소에 하던 대로만 하면 돼."

"전 도통 감이 안 올 것 같아요. 그냥 평가 항목 빠트리지 말고 잘 지켜야죠, 뭐…."

연차가 있는 선배들은 여유로워 보였지만, 주니어였던 나는 잔뜩 긴장한 채 매뉴얼을 깜박하지 않기 위해 수시로 프린트된 쿠션 멘트를 계속 중얼중얼 읊조렸다.

내공이 부족한 탓인지 역시나 평가 기간이 끝나갈 때까지 '이 사람이구나!' 하는 감이 오는 경우는 없었다. 손님이 무언가를 물어보면 해당 내용을 상냥한 목소리로 정확하고 최대한 신속하게 전달해야 한다. 그런 와중에 단계별로 말해야 하는 적절한 멘트를 신경 쓰기도 벅찼기 때문에 도저히 그런 감을 느낄 여유까지는 없었다. 이날 따라 유난히 질문이 많은 손님이 있었다. 미스터리 쇼퍼인지 알 길은 없었지만, 긴장을 늦추지 않고 절차대로 차분히 응대했다. 30여 분쯤 흘렀을까? 손님의 마지막 질문에 대한 답을 끝으로 통화를 끝낼 수 있었다.

안도의 한숨을 내쉬며 수화기를 놓자마자 아뿔싸. 마무리 멘트를 하지 않은 게 생각났다.

"악! 멘트 하나 빠트렸어요. 이 사람이 미스터리 쇼퍼는 아니겠죠? 맞으면 어떡하죠? 많이 감점하진 않았겠죠?"

옆의 선배를 붙잡고 하소연해보았지만, 이미 끊긴 전화를 되돌릴 수는 없는 노릇이었다.

"더 필요하신 사항 있으신가요?"

유독 입에 잘 붙지 않는 표현이다. 고객의 계속되는 여러 물음에 답을 한 후에, 고객이 궁금했던 것이 다 해결되었으니 대화를 종결하겠다는 분위기를 형성하면 나도 모르게 "네, 감사합니다. 언제든지 편하게 연락주세요."라든지

"더 궁금하신 사항 있으시면 또 연락주세요."처럼 후일을 기약하는 말을 하고 통화를 종료하곤 했다. 어쩌면 무의식적으로 잘 마무리되는 분위기를 놓치지 않고 빨리 대화를 끝내고 싶은 마음이 앞서는 걸지도 모른다. 손님과의 통화는 어쨌든 매일 해결해야 하는 미션 같은 존재니까.

이런 평가 항목들로는 직원의 서비스 역량을 제대로 평가할 수 없다고 생각해 왔고 개의치 말아야지 하면서도 마음 한구석에서는 여전히 그녀가 미스터리 쇼퍼일 거라 추정하고 얼마나 감점이 되었을지 신경 쓰고 있었다.

'어이구, 그걸 왜 까먹어가지고.'라고 자책하면서도 조금 전 통화의 실수 하나로 감점이 된다면 억울할 것 같았다.

내색하지 않으려고 했지만, 얼굴빛이 어두웠던 모양이다. 굳은 표정을 본 선배는 대수롭지 않다는 듯이 말했다.

"별거 아니야. 혹여라도 점수 좀 깎인다고 아무 일 안 생겨. 점수는 점수고 너는 너잖아. 걱정하지 마."

맞는 말이다. 선배의 말을 듣는 순간, 이게 뭐라고 그렇게 끙끙거렸을까 싶었다. 인생 전체로 놓고 보면 모두가 나의 미스터리 쇼퍼이다. 나와 만나는 주변의 모든 사람은 어떤 방식으로건 언제나 나를 평가할 거고, 아마도 제각기 상반된 평가를 내릴지도 모른다. 사람마다 관점이 다르고 모두가 나의 모든 면을 면밀히 관찰하지는 않기 때문이다.

그럴 때마다 그 기준에 맞추려 한다면, 나라는 존재가 나로서 남아 있지 못할 거다. 그저 내가 할 수 있는 최선을 다하면 족하다. 나의 단면을 보고 내린 그들의 생각까지 내가 좌지우지할 수는 없는 노릇이니 말이다. 인생에 단지 다른 날보다 좀 더 별로인 하루가 있었을 뿐이다.

어느 날 집으로 가던 길에 귀에 꽂은 이어폰에서는 Sigrid의 「Bad Life」가 흘러나왔다.

"It's just a bad day, not a bad life."

그리고 몇 년 전의 그 선배의 말이 떠올랐다. 한 번의 평가가 내 서비스와 업무 역량 전체를 평가하는 것이 아니라는 걸 깨닫게 해준 고마운 말이었다. 그저 운이 나빴을 뿐이다. 마찬가지로 만일 내가 한번 좋은 평가를 받았다고 해서 나의 전반적인 업무 역량이 그 정도라고 증명되는 것도 아니다. 살다 보면 생각지 못했던 행운이 있을 때도 있고, 예상치 못한 난관이 닥칠 때도 있다. 그럴 때 종종 서비스 평가를 받던 시절이 떠오른다.

'인생엔 수많은 하루가 있어. 웃는 날이 있으면 우는 날도 더러 있을 뿐이야.'

부탁하는 게 어려운 나,
거절하는 게 미안한 나

　누군가에게 부탁받는 것보다 부탁하는 게 더 불편한 사람, 누군가의 부탁을 거절하는 일이 아주 불편한 사람이 바로 나다. 하지만 회사에서는 혼자서 모든 걸 다 할 수 없기에 타 부서에 협조를 구해야 하는 경우가 비일비재하다. 그리고 호텔에는 나름의 규정이 있지만, 손님들은 기본 규정에서 벗어나는 요청을 하기도 한다. 절대 불변인 규정은 아니지만, 손님들의 모든 예외적인 요청을 다 들어줄 수는 없기 때문에 직원으로서 정중히 거절해야 하는 입장에 놓이기도 한다. 호텔리어로서 크게 스트레스받지 않고 일하기 위해서는 안타깝게도 내가 잘하지 못하는 부탁과 거절에 익숙해져야 했다. 타고난 성격이 한순간에 바뀌지는 않아도 불편함에 무던해지려고 계속해서 노력하니 진짜로 조금은 그런 사람이 되어 가는 느낌이 들기도 했다. 하지만 여전히 쉽지 않았다.

"매니저님, OOO2호실이 침대 두 개 있는 트윈 객실이고, OOO4호실이 침대 한 개 있는 더블 객실이잖아요. 휴, 그런데 이번 방한단에서 꼭 2호실에 VIP 의전 담당하는 분 한 명이 투숙해야 하고, 4호실에 경호 두 명이 같이 투숙해야 한다고 해서요. 제가 그냥 서로 방을 바꾸면 안 되겠냐고 물어도 요지부동이더라고요. 두 객실 침대 맞바꿀 수 있을까요?"

"어휴, 또 침대 바꿔야 하는 거예요? 우선 그 객실이 고정 침대 아닌지 한번 확인해볼게요. 바꿀 수 있으면 바꿔야지 뭐."

"감사해요, 매니저님. 힘드실 텐데…."

VIP 방한단의 경우, VIP가 머무는 객실을 기준으로 어느 객실에 특정 사람이 반드시 투숙해야 해서 침대 타입을 바꿔야 하는 경우가 왕왕 있다. 하우스키핑도 익히 알고 있는 터라 업무 요청을 드리면 잘 처리해 주시지만, 전화를 할 때마다 늘 마음이 불편했고 누가 뭐라 하지도 않았는데 말끝을 흐리며 대화를 마치곤 했다. 담당자를 설득하지 못한 내 탓도 조금은 있는 것 같았고, 당연히 제공되는 서비스가 아님에도 유상도 아닌 무상으로 타 부서에 요청하다 보니 입이 잘 떨어지지 않았다.

가끔 호텔은 손님의 요청을 어디까지 받아들여야 하는지, 그 한계선을 누군가 딱 정해주면 좋겠다고 생각했다. 럭셔리 브랜드가 호텔에서 소수의 VIP 손님을 모시고 행사를 진행하기 위해 핑거 푸드 메뉴 안을 요청한 적이 있다. 연회 조리실에 거래처가 대략적으로 원하는 바를 전달했고, 조리실은 샘플 안이 나오는 대로 메뉴 안과 사진을 함께 보내주겠다고 했다. 몇 시간 후에 받은 사진 속의 핑거 푸드는 먹기 아까울 정도로 예쁘게 디자인되어 있었고, 보는 것만으로도 침이 고일 만큼 맛있어 보였다.

그런데 검토를 한 거래처 담당자는 수정을 해달라 했고, 다시금 조리실에 거래처의 의견을 최대한 구체적으로 전달했다. 그렇게 해서 담당자가 말한 브랜드 행사 콘셉트와 더 어울리고 만족할 만한 수정안이 나왔다. 하지만 거래처는 또다시 일부 메뉴를 변경하길 원했고, 재차 조리실에 협조를 부탁해야만 했다.

"조리장님, 죄송해요. 힘드시겠지만 브랜드 쪽에서 이 메뉴를 빼고 다른 메뉴로 구성해 줄 수 있는지 다시 문의하네요. 워낙 럭셔리 브랜드이기도 하고 소수 VIP만 모시고 하는 행사다 보니 신경을 많이 쓰는 것 같아요. 한 번 더 부탁드려요…."

"아이고, 까다롭네. 원하는 바가 정확히 뭔지. 참, 알았어. 또 바꿔봐야지!"

웹사이트 제작을 하거나 로고를 디자인하고 브랜드명을 짓는 업체도 '샘플 안 몇 개 제공' 이런 식으로 제한이 있는데, 호텔엔 왜 그런 게 없는 걸까? 유관 부서에 '힘드시겠지만 이것 좀'이라는 말을 여러 번 한 날은 그냥 일이 많은 다른 날보다 유난히 더 피곤했다.

하지만 호텔도 물리적으로 불가능해서 손님의 요청을 거절하기도 한다.

"지배인님, 저희 손님이 오늘 체크아웃인데 2박 더 일정이 늘어나서 연장 부탁드려요."

"어머, 이를 어쩌죠. 죄송하지만, 저희 오늘 완전히 만실이라 객실이 없어서…. 연장도 신규 예약도 받을 수가 없는 상태예요."

"한 객실도 안 되는 거예요?"

"네. 지금 이미 객실이 마이너스인 상태여서요. 죄송해요."

"그럼, 오늘 오후 2시까지 레이트 체크아웃은 가능할까요?"

"너무 죄송하지만, 오늘은 만실이라 12시에 정상 체크아웃해 주셔야 하는데, 제가 내부적으로 한 번 더 확인하고 바로 연락드리겠습니다."

호텔에 가능한 객실이 없어서 손님이 원하는 서비스 제공이 어려운 경우에는 손님도 이해하는 편이지만, 보통은 정말 방법이 하나도 없는지 꼭 후속 질문이 따라온다. 한 번 거절하는 것도 쉽지 않은데 두 번 세 번 거설해야 할 때는 내 잘못이 아님에도 참 난처하다. 직접 뚝딱뚝딱 방을 만들어서 주고 싶은 심정이다.

'힘드시겠지만', '죄송하지만'. 호텔리어로 일하는 동안 셀 수 없이 한 말이다. 동시에 가장 하고 싶지 않은 말이기도 했다. '힘드시겠지만'은 부탁받는 사람의 입장에 공감한다는 마음을 담고 있고, '죄송하지만'은 요청을 받아들이지 못하는 미안한 마음을 전해준다. 의식적으로 '내가 나를 위해 개인적인 요청을 하는 것이 아니고 내가 너를 싫어해서 거절하는 게 아니니까.' 하며 두 말에 익숙해지려 노력했다.

일일 뿐이고, 상대방도 일로서 요청하고 받아들일 거로 생각하면서 한 건 한 건에 사적인 마음을 너무 담지 않으려고 했다. 대신 다른 부서에서 어떤 요청이 왔을 때 가능한 범위 내에서 최대한 협조했고, 누군가 어쩔 수 없는 상황에서 내 부탁을 거절했을 때도 마음 상하지 않고 그저 상황으로써 받아들이고 다른 대안을 찾아보았다.

"혜수 매니저가 내일 조식 때 VIP 손님 룸서비스 이용할 건지, 메뉴는 어떻게 할 건지 미리 좀 물어봐 줘요."

대통령이나 총리 등 고위급 인사가 투숙할 때는 보통 객실 내에서 아침 식사를 하기를 원한다. 아무래도 클럽 라운지는 개방된 공간이라 다른 사람들도 많고, 오갈 때마다 여러 명의 경호원도 붙어야 하기 때문이다. 사실 VIP 수행원이 룸서비스 직원과 직접 소통해서 조식 관련 정보를 전달해도 되고, 오히려 그편이 중간에 나를 한 번 더 거치는 것보다 더 효율적이었다.

"네. 제가 확인하고 시간이랑 메뉴 말씀드릴게요."

하지만 나는 대부분 수행원을 통해 확인해 주었다. VIP 손님 측과 직접 소통하는 것에 대한 부담감과 혹시 있을지 모를 실수를 원치 않는 마음을 알기 때문이다.

이처럼 오늘은 내가 부탁하고 거절하는 입장이어도, 내일은 내가 부탁을 받고 거절을 당할지도 모를 일이다. 모든 상황은 수시로 바뀌기 마련이니까.

내 잘못이
아니더라도

학생이던 시절에는 내가 다른 사람의 실수까지 책임져야 하는 일은 거의 없었다. 조별 과제인데 조원이 과제를 제대로 수행하지 않아 단체로 낮은 점수를 받거나 다른 조원들이 밤새가며 그 사람의 분량까지 소화해야 하는 경우 정도가 예외라면 예외일까? 하지만 회사 생활을 하면서, 특히 서비스 업계에서는 그런 일이 비일비재했다. 누가 잘못한 건지 밝혀내기도 전에 우선 눈앞에 있는 손님에게 사과해야 했고, 손님에게는 누구의 실수인지는 중요하지 않았다. 그건 그 순간 사과하고 문제를 해결해야 하는 직원에게만 중요한 일이었다.

클럽 라운지에서는 오전 6시 30분부터 10시까지 클럽 투숙객들에게 조식을 제공한다. 아침 햇살을 받아 빛나는 접시에 음식을 담고 라운지 가운데에 세팅한 뷔페 라인 양쪽으로 탁 트인 창을 통해 시내 전망을 바라보는 손님들 얼굴에는 미소가 끊이질 않았다. 포크와 수저가 접시에 부딪히는 경쾌한 소리, 손님들이 나긋하게 대화하는 목소리, 그리고 라운지의 클래식 음악 소리가 함께 은은하게 어우러졌다.

비록 그곳에서 일하는 직원들은 큰 창으로 화창한 날씨를 감상할 여유도, 어떤 음악이 나오는지 파악할 겨를도 없지만 말이다. 이 시간은 조식을 이용하는 손님들과 일찍 체크아웃하는 분들이 섞여서 극심한 비수기와 같은 특별한 경우가 아니라면 늘 분주했다. 여느 때와 다름없이 오전조로 출근한 직원들은 클럽 라운지에 조식을 이용하러 온 손님들을 차례차례 응대하면서 체크아웃하러 오는 손님이 있으면 민첩하게 데스크로 돌아오는 일을 반복했다.

한 남성분이 인상을 찌푸린 채 데스크로 걸어왔다. 미간에 주름이 깊게 파인 그는, 하필 오래 기다린 가족을 비어 있는 라운지 테이블로 안내해 드리고, 급히 데스크 쪽으로 돌아가던 내게 향했다. '아, 아까 그 가족분한테 더 필요하신 사항은 없는지 여쭤보고 천천히 돌아올걸.'

뒤늦은 후회를 해보았다.

"제가 지금 엄청 피곤해요. 간밤에 잠을 한숨도 못 잤어요! 아니, 옷장 불빛이 밤새도록 켜져 있었다고요. 불빛에 엄청 예민한데, 5성급 호텔에서 이래도 되는 겁니까? 어떻게 책임질 거예요?"

쩌렁쩌렁한 목소리가 클럽 라운지에 울려 퍼졌다. 자리로 돌아가기도 전에 손님에게 붙잡혀 길목에 어정쩡하게 서서 고개를 꾸벅 숙였다. 이런 상황에도 손님의 컴플레인을 잘 듣고 있다는 걸 피력하기 위해 중간중간 적당히 눈도 마주쳐야 했다. 고객이 분을 못 참고 언성을 높일 때는 말을 자르지 않고 잘 듣다가 적당한 틈에 사과를 드리고 짧은 시간 안에 해결책을 찾아야 했다. 고객이 체감하는 '짧은' 시간과 호텔에서 예상하는 '짧은' 시간에 약간의 괴리가 있을 수는 있지만 말이다. 최대한 괴리감의 폭을 줄이는 것도 컴플레인을 적정한 선에서 무마시키기 위해 매우 중요하다.

"고객님, 불편을 끼쳐 죄송합니다. 간밤에 푹 주무시지 못하셨다니 죄송한 마음뿐입니다. 최대한 빠르게 점검해서 오늘은 문제없이 주무실 수 있도록 조치하겠습니다. 저희 직원이 지금 객실에서 확인해도 괜찮을까요? 아니면 고객님이 외출하시는 시간 말씀 주시면 해당 시간에 점검해드리겠습니다."

"아니, 내가 얘기했잖아요. 밤새 불이 안 꺼졌다고요! 이제 와서 뭘 확인한다는 거예요!"

클럽 라운지의 손님들이 저마다 웅성거리며 나를 쳐다보았다. 사람들의 시선이 집중되자 얼굴이 귀까지 붉어졌다. 태연한 척 고개를 들다가 어쩌다 라운지 안쪽 테이블에 앉아 있던 사람과 눈이 마주쳤다. 그 사람의 눈빛에서 '아, 저 직원 안 됐다. 잘못 걸렸네.'의 안쓰러움과 '힘요.'란 애잔한 위로가 느껴졌다. 힘이 되기도 했지만 호통침을 당하고 있는 직원 입장에선 주목받고 있는 이 상황에서 빨리 해방되고 싶을 뿐이었다.

"불편 끼쳐 드려서 정말 죄송합니다. 번거로우시겠지만 잠시 객실을 비우시는 시간에 정비 담당 직원이 확인해서 바로 고칠 수 없으면 객실을 바꿔드리겠습니다."

옅은 미소를 유지하며 두 손은 가지런히 포개고 어깨는 살짝 앞으로 모아 숙였다. 이제 와서 고백하자면 당시에 정말 죄송한 마음이 가득하진 않았다.

'밤에 문제가 있었으면, 왜 그때는 가만히 있다가 안 그래도 바쁜 아침에 와서 이렇게 분을 터뜨리는 걸까?'

'하우스키핑에서 체크인 전에 분명히 점검했을 텐데!'

'진짜 옷장 불 안 꺼지는 건 맞아? 문 열면 자동으로 켜지고 닫으면 꺼지는 건데.'

속에서는 부글부글 끓었지만, 컴플레인은 수시로 언제

어디서든 생길 수 있는 일이기에 호텔 직원으로서는 무뎌지고 익숙해지는 수밖에 없었다.

프런트에서는 시스템에 손님 퇴실 후 청소와 정비가 완료됐다는 사인이 뜨면 해당 객실을 체크인하는 손님에게 배정한다. 고로 진짜로 객실에 문제가 있다고 해도 내 실수는 아니지만, 프런트 직원은 고객과 얼굴을 대면해서 서비스를 제공하고 있고 고객에게는 호텔을 대신하는 사람이다. 때문에 이렇게 컴플레인을 해결하는 일 역시 업무의 일환이기도 하다. 하지만 직원도 사람인지라 머리로는 알아도 종종 억울한 마음이 들었다. 더 이상 뭐라고 말을 건네야 할까 고민하던 차에, 그도 퍼부을 대로 퍼붓고 나니 자신에게 시선이 집중되어 있다는 걸 깨달은 모양이었다.

"지금 조식 먹을 거니까, 그동안 고쳐놓든지, 어떻게든 해결을 해놔요."

그는 휙 고개를 돌리며 라운지 안으로 성큼성큼 걸어갔다.

아침 식사를 하러 간 사이에 하우스키핑에 얼른 연락해서 상황 설명을 했고, 최대한 빨리 해당 객실을 점검해 달라 요청했다. 다른 손님들을 응대하면서도 중간중간 내 시선은 전화기로 옮겨갔다. 빨간불이 켜지고 벨소리가 울렸다.

"네, 클럽 라운지 프런트 데스크입니다. 어떻게 도와드릴까요?"

"여기 하우스키핑인데요. 확인해봤는데 그 객실에 문제 없어요."

"네? 손님이 엄청나게 컴플레인 하셨는데, 밤새 불이 안 꺼졌다고…."

"그게, 문을 '제대로' 꽉 안 닫아서 불이 켜져 있었던 거 예요. 문 닫으니까 불 바로 꺼져요. 열면 켜지고. 문제없어요."

하, 헛웃음이 나왔고 허탈을 넘어 '그래, 더 이상 일 커지지 않고 마무리되었으니 다행이다.' 하며 마음을 달랬다. '그래, 모를 수도 있지. 옷장 문이 조금이라도 열리면 불이 꺼지지 않는다는 걸.'이란 이해하려는 노력과 '아니, 그 약한 불빛이 새어 나와서 잠을 못 자겠다는 사람이 문을 꽉 닫을 생각은 도대체 왜 안 한 거야.'란 답답함이 동시에 내 말이 맞다고 목소리를 높였지만, 그 일에 더 이상 마음을 두지 않기로 했다. 그도 자초지종을 듣고 조금은 겸연쩍었는지 그 일에 대해 다시 얘기하지 않았고, 별 탈 없이 체크아웃했다.

이런 경우, 잘못이 내게 있지 않음을 나도 알지만, 사실 대부분 고객도 알고 있다. 몇몇을 제외하고는 어느 정도껏 자신의 불편했던 상황과 마음을 적당히 표출하고 나서 직원이 그걸 잘 듣고 공감해 주면 많은 일이 큰 문제로 번지지 않고 해결된다.

그럼에도 각양각색의 불편 사항을 근무 시간 내내 계속 듣다 보면 늘 만면에 미소를 띠어야 하는 호텔리어도 감정이 있는 사람이기에 지칠 때가 있다. 아마도 손님들은 각자 지나가듯 던진 단순한 한마디였을 테다. 날 선 말이 쌓여 직원들의 그날 하루 에너지를 소진시킬 수도 있다는 것까지는 아마도 생각하지 못했을 거라며 스스로를 달랬다. 그저 누군가에게 자신의 불편함을 토로하고 이해받고 싶어 하는 마음에서 비롯한 말과 행동이라는 걸 받아들이며 시간이 지날수록 마음도 점차 무뎌졌다.

컴플레인은 어찌 됐든 해결이 되고 컴플레인을 한 사람은 그 일을 금방 잊는다. 아마도 가장 오래 그 일을 기억하는 사람은 컴플레인을 받고 해결하려 한 직원일 것이다. 불공평하지 않은가. 나만 오래 기억하고 상처받고 아파한다는 게. 그래서 나는 겉으로는 웃지만, 속으로는 조금 욕하기로 했다. 나라도 나의 속상한 마음을 알아주는 의미에서 말이다. 그들도 나에게 개인적으로 억하심정이 있어서 그런 건 아닐 테지만, 어차피 그들은 기억도 못 할 테니까. 그러고는 더 이상 맘에 담아두지 않고 떨쳐버렸다.

작은 행동이 불러온
큰 감동

"보증금을 위해 신용카드 부탁드립니다."

손님의 성함, 머무는 박수를 확인하고 난 후 보증금을 받는 체크인의 마지막 절차가 이루어지고 나면 손님께 객실 키를 제공한다. 보증금은 추가로 발생할 수 있는 식음 비용이나 기타 시설 이용 비용 등을 대비하여 보통 총숙박비보다 조금 더 많이 받는다. 간혹 현금이나 체크카드로 보증금을 주는 손님도 있지만, 대부분은 신용카드로 진행한다. 신용카드로는 필요한 금액만큼 카드의 한도만 잡아두는 가승인을 사용할 수 있기 때문이다. 가승인은 해당 금액이 실제로 결제된 것은 아니지만 결제 시 문자를 수신하게끔 설정해 놓은 손님들에게는 마치 결제가 된 것처럼 문자메시지가 보내진다. 그래서 종종 손님들이 문자를 받고 당황하기도 해서 가승인 전에 미리 실제 결제는 체크아웃 때 진행된다고 말씀드린다.

한 외국의 전직 주한대사가 출장차 한국에 방문해서 투숙할 때의 일이었다. 클럽 라운지 데스크를 향해 들어오는 그는 키가 훤칠하게 컸다. 그 위용에 압도되어 시작부터 긴장했다.

'옆에 선배도 있는데 하필 내 자리로 오는 건 뭐람.'

선배는 혹여라도 내가 실수할까 봐, 바로 옆으로 와서 서서 응대를 도왔다.

'이따 카드 보증금 요청해야 하는데 불쾌해하시려나. 워낙 자주 오시는 VIP니 그냥 보증금 없이 키를 드려도 되나. 아, 그럴 순 없는데.'

VIP의 경우, 보통 비서나 수행원이 빠른 체크인을 위해 미리 보증금 부분을 해결하곤 하는데 이날은 그렇지 않았다. 속은 온통 카드 보증금 걱정으로 복잡했지만, 표정만큼은 싱긋 웃으며 여권을 요청하려는 찰나였다. 이미 트레이에는 여권과 신용카드가 올려져 있었다. 너무 당연하다는 듯이. 파도처럼 요동쳤던 마음이 언제 그랬냐는 듯 차분해졌다. 객실 키를 받아 들고 고맙다고 웃으며 유유히 엘리베이터로 향하는 그 모습이 어찌나 멋져 보이던지.

'나도 높은 자리에 가더라도 기본을 지키는 사람이 되어

야지.'

마치 어린 시절 위인전을 읽고 훌륭한 사람이 되는 자신을 상상하는 것처럼 그날은 일하는 내내 설레어 입꼬리가 씰룩거렸다.

나에게 감동을 준 또 하나의 기억은 독일에서 출장 온 직장인이었다. 노란 곱슬머리에 안경을 꼈던 그는 데스크 앞에 당도한 순간부터 사람 좋은 미소를 지었다. 덩달아 기분이 좋아진 나도 더 밝은 표정으로 투숙 일정과 객실 타입을 확인했고, 마지막으로 신용카드를 요청했다. 순간 보고도 믿기 힘든 장면이 펼쳐졌다.

"Here you are."

처음보다 더 빙그레 웃는 그의 입꼬리는 노란 스마일 인형처럼 올라가 있었다. 그리고 카드는 나를 향해 쭉 뻗은 그의 공손한 두 손에 살포시 놓여 있었다.

'이 말이 이렇게 감동적으로 느껴질 수 있다니…. 한국에서는 두 손으로 무언가를 건네야 공손하다는 걸 배우고 온 걸까?'

이렇게 반듯한 자세로 두 손으로 카드를 주는 손님은 그때가 처음이자 마지막이었다. 나조차도 카드를 주고 무언가 살 때 그래본 적은 없는 것 같다. 명함을 주고받을 때가 아니고서야.

"Wow, thank you so much!"

나도 모르게 감탄사를 외쳤고, 그는 수줍은 듯, 뿌듯한 듯, 약간 붉어진 얼굴로 환하게 웃었다. 손님보다 직원이 덜 공손할 수는 없는 법. 의자에서 일어나서 여권과 카드, 그리고 객실 키를 한데 잘 모아 두 손으로 손님께 건넸다.

"Oh, Thank YOU!"

하루에도 수많은 손님을 만나는 호텔리어가 모든 손님을 기억할 수는 없다. 하지만 손님 한 명 한 명에게는 한 명의 호텔리어가 준 기억이 호텔의 이미지를 결정하고 외국 손님인 경우에는 내가 제공한 서비스의 질이 한국의 이미지를 정하기도 한다. 그렇기 때문에 매 순간 최선을 다해 손님을 응대하고 좋은 투숙 경험이 될 수 있도록 도왔다. 그런데 반대도 마찬가지였다. 한 외국 손님이 준 좋은 기억은 그 손님의 나라 역시 좋은 시선으로 바라보게 했다. 그 나라의 모든 사람이 다 그렇지는 않을 거라는 걸 알면서도 말이다.

뿐만 아니라 호텔리어라는 직업 덕분에 손님일 때의 내 모습을 계속 되돌아볼 수 있었다.

'나는 이럴 때 어떻게 반응했을까?'

'나는 그때 직원에게 감사함을 잘 표현했었나?'

돌아보니 평소보다 유난히 상대방의 입장을 더 잘 이해

하고 친절하게 대한 날이 있다. 하나같이 그런 날은 내 마음이 평온하고 여유로울 때였다. 마음이 불안하고 조급하고 지쳐있을 때는 별로 대수롭지 않게 여겼을 일에도 뿔이 나기도 했다. 친절함이 몸에 밴 사람들은 마음에 늘 이런 여유로움을 간직하고 있는 게 아닌가 싶다. 그들은 말의 속도도 걸음걸이도 급하지 않고 표정에도 상대방을 재촉하는 기색이 전혀 없다.

그저 내가 기분이 좋은 순간만이 아니라 평소에도 이런 여유를 풍기는 사람이 되고 싶어서 일상에서 깜박하고 넘어가지 않으려 노력하는 것들이 있다. 사소하게라도 어떤 서비스를 제공받고 나면, 항상 끝에 '감사합니다.'를 덧붙이려 한다. 혼자 있을 때뿐만 아니라 아이가 병원에서 진료받거나 약국에서 약을 받고 선생님이 주시는 비타민을 받을 때마다 '감사합니다.'라고 아이와 같이 인사를 한다. 아이도 친절과 예의를 갖춘 사람으로 성장하길 바라는 마음도 한 스푼 담아서. 좋은 서비스를 받는 게 당연하다는 자세가 아니라 '당신이 제공한 서비스 덕분'이라는 태도로 말하고 눈을 바라보고 그들이 좋은 마음으로 일할 수 있도록 여유롭게 기다려 준다.

객실 내 미니바
이용하셨을까요?

사람은 손실을 보았을 때, 이득을 얻었을 때 느끼는 기쁨보다 더 큰 고통을 느낀다고 한다.

"내 말이 맞는다니까."

"아니야, 내가 지난번에 기사에서 봤어."

"그래, 그럼 내 말이 틀리면 5만 원 줄게. 내기하자! 대신 내 말이 맞으면 나한테 5만 원 줘야 해. 알았지?"

"5만 원? 잠깐만. 아냐 내기 안 해. 내가 잘못 봤나⋯."

갑작스러운 나의 내기 제안에 남편의 굳건한 태도가 흔들렸다. 그렇게 남편은 내기는 하지 않고 누구 말이 맞는지 검색해 보았다. 결과는 남편의 말이 맞았다. 그런데 왠지 모르게 남편이 지고 내가 이긴 것 같은 분위기였다. 반반의 확률로 5만 원을 얻거나 잃거나 둘 중의 하나였는데,

결과적으로 남편은 얻을 수 있던 5만 원을 놓치고 난 잃을 뻔했던 5만 원을 지켰기 때문이다. 혹시나 잃을지 모를 적은 가능성은 무언가를 얻을 큰 가능성보다 사람에게 크게 느껴진다는 것이 거짓은 아닌가 보다.

　프런트에서 일하면서 이런 심리를 이용하면 참 좋을 거라 생각했던 적이 있다. 객실마다 작은 냉장고가 있고 그 안에는 유료로 이용할 수 있는 여러 가지 음료수와 주류, 그리고 간단한 스낵류가 있었다. 손님이 투숙 기간에 음료를 마시고 나면 다음 날 비어있는 객실 청소를 할 때 미니바 담당 직원이 전날 소비량을 확인하고 시스템상 해당 객실에 비용을 찍는 방식으로 손님에게 청구되었다. 그러다 보니 체크아웃하는 당일에, 그 전날 직원이 미니바 소비량을 확인한 이후부터의 이용량을 제대로 청구하기 쉽지 않았다. 객실에서는 키카드를 꽂아야 객실 내 에어컨이나 전등을 켤 수 있고 키카드를 빼면 자동으로 작동이 멈춘다. 컴퓨터 시스템에 카드가 꽂혀 있는지 여부가 표시되기 때문에 체크아웃 날에 손님이 객실을 나섰는지 대강 파악할 수 있다. 체크아웃하는 날인 객실에 키가 빠져있으면 대부분 조식을 먹는 중이거나 체크아웃을 하러 나왔거나 둘 중 하나이다. 빈 객실에 직원이 달려가서 손님이 체크아웃 절차를 끝내기 전에 객실로 비용을 청구해야 했다. 하지만 몇몇 직원이 그 짧은 시간 안에 여러 객실을 확인하기란 만만치 않았다.

"객실 내 미니바 이용하셨을까요?"

체크아웃을 하러 온 손님에게 꼭 물어보는 질문이다. 대부분의 경우에는 이용했으면 이용한 대로 잘 기억해서 말씀해 주지만, 늘 그렇듯 어디에나 예외가 존재한다.

"여기 미니반데요, OOOO호 손님 체크아웃했을까요?"

"아, 네! 한 10분쯤 전에 결제하고 퇴실하셨어요. 미니바 따로 이용한 것 없다고 하셨는데."

"아휴, 없긴요. 꽤 드셔서 이건 연락드려야 할 것 같아서요. 혹시 손님 연락처 있을까요?"

체크인 시에 등록카드를 작성하는데 혹시 퇴실 후 분실물이 있거나 손님께 급하게 연락해야 할 경우를 대비해서 등록카드에 연락처를 적는다. 퇴근 무렵 미니바에서 그 손님에게 연락이 닿아 이용한 만큼 금액을 청구할 수 있었다고 들었다.

이렇게 연락이 되는 경우는 번거롭긴 해도 다행이었다. 간혹 손님이 벌써 비행기를 탔거나 외국 휴대전화 번호여서 잘 연결이 되지 않을 때도 있어서 사이다 하나, 콜라 한두 개 정도는 받지 못한 때도 있다. 하지만 그게 쌓이다 보면 적지 않은 금액이 누적된다. 그 사람은 자신이 먹은 걸 깜박한 걸까. 아니면 그게 미니바인지 몰랐던 걸까. 이도 저도 아니면 객실 내에 있는 음료나 스낵을 그냥 무료라고 생각한 걸까. 뭘까? 아직도 풀리지 않은 궁금증이다.

또, 어떨 때는 체크아웃하러 온 손님을 앞에 두고 미니바에서 확인하기를 기다렸던 적도 있다.

"미니반데요, OOOO호 지금 미니바 확인하고 있어서 체크아웃하기 전에 잠시만 기다려 주세요."

투숙 기간에 계속 미니바를 이용한 손님의 경우에는 마지막 날까지 이용할 가능성이 높기 때문에 미니바에서 먼저 연락이 오기도 한다. 가끔 "먹긴 먹었는데, 정확히 뭐였는지 기억이 안나는데…"라고 말씀하는 손님도 있는데, 그럴 경우엔 미니바에 빠른 확인을 부탁할 수밖에 없다. 하지만 짧으면 5분, 길면 10분 정도의 확인하는 시간이 그 당시에는 30분처럼 길게 느껴져서 손님이 별다른 말을 하지 않아도 마음이 너무 조급해진다. 만일 기차나 비행기 시간이 정해져 있어서 서둘러 퇴실해야 하는 손님이라면 말할 필요도 없다. 설상가상으로 뒤에 다른 체크아웃 손님들이 죽 늘어섰다면 컴퓨터 화면에 시선을 고정한 채로 현실을 외면하고 싶어진다.

"선배, 미니바에 자동 인식 센서 같은 거 달면 편하지 않아요? 이렇게 초조하게 기다리고, 이미 퇴실한 사람한테 연락하고 너무 번거롭잖아요. 받아야 하는 거 못 받는 경우도 있고요. 바꾸면 너무 편할 거 같은데. 그죠?"

"응, 맞아. 그런데 뭐 이게 바꿀 거면 전 객실 다 바꿔야 하고, 또 뭐라더라. 살짝 만지기만 해도 센서가 인식해서 찍힐 수도 있다는 얘기도 들은 것 같아. 그건 또 그거 니름대로 문제가 있나 봐."

"실제로 먹지 않아도 만지면 센서가 인식한다는 걸 체크인 때 미리 얘기해주면 조심하지 않을까요? 손해 보지 않으려고요. 만일 잘못 찍히면 그건 투숙객 본인이 제일 잘 알 것 같은걸요."

나는 여행을 가서 객실에 구비되어 있는 음료나 스낵이 무료인지 유료인지 잘 구별되지 않는다면 직원에게 확인하기 전까지는 건들지 않는다. 만일 유료라면 동네 편의점에서 사는 값보다 훨씬 비싼 가격을 지불해야 하는 걸 알기 때문이다. 하지만 호텔에서 일하거나 투숙한 경험이 많지 않은 사람이라면 방 안에 있는 거니 별생각 없이 먹을 수도 있다. 따로 마련된 미니바 안내문을 발견하지 못했다면 더욱이.

보통 테이블 위에 놓여 있는 티백이나 커피 캡슐은 무료로 이용할 수 있고 미니바 냉장고나 찬장 안에 들어 있는 음료나 스낵류는 유료인 경우가 많다. 하지만 유료인 미니바도 돈을 내지 않고 일단 먹고 난 후, 체크아웃할 때 후불로 계산하다 보니 손님들도 안일하게 여기는 걸지도 모르겠다. 실제 음식점이나 편의점에 가서 음료수를 마시고 계산하지 않는 것은 말도 안 되는 일이고, 돈을 내지 않아도 괜찮다고 생각하는 사람은 아무도 없다. 체크아웃 때 미니바 소비량을 제대로 말하지 않은 그 손님도 마트나 식당에서는 당연히 제대로 지불을 했을 테다. 미니바를 이용하고도 계산을 정확하게 하지 않은 건 그 사람의 잘못이지만, 이미 다 먹은 걸 시간이 지난 뒤에 돈을 내려니 괜히 손해 보는 기분이 든 걸까? 어쩌면 호텔에서 비용을 많이 내고 투숙하니 음료수 한두 병은 무료로 제공받는 서비스로 생각했을지도 모르겠다. 아예 음료수마다, 과자마다 눈에 잘 보이게끔 마트처럼 가격표를 붙여놓았다면 손님도 프런트 직원에게 더 정확하게 말했을지도. 여전히 풀리지 않는 수수께끼이다.

비수가 꽂히는 말에
대처하는 자세

"당신 집에 가끔 손님이 오십니까?"

"그럼, 손님이 오지."

"손님이 오실 때 선물을 가지고 오기도 합니까?"

"그렇지."

"만약 당신이 손님이 가지고 온 선물을 받지 않으면 그 선물은 누구의 것이 됩니까?"

"그야 선물을 가지고 온 그 사람 것이 되지."

"당신이 나한테 욕을 했는데 내가 그것을 받지 않으면 그 욕은 누구의 것입니까?"

부처님과 어느 브라만의 대화처럼 현실에서도 나를 향해 날아온 상대방의 날카로운 말에도 속으로 '반사!'를 외치며 의연하게 대처할 수 있다면 좋겠지만, 가끔은 그 말이 속절없이 가슴을 후벼팔 때가 있다. 게다가 입사한 지 그리 오래되지 않은 푸릇한 신입 시절엔 내 마음을 보호하는 안전망은 견고하지 못했다. 호텔에서 일하면서 힘든 순간들은 많았지만, 손님 때문에 눈물까지 흘린 적은 손에 꼽을 정도였다. 이날은 손님 때문에 운 첫날로 기억한다.

"호텔 청구서에 객실료 부가세랑 객실료가 아닌 다른 항목들을 따로 분리해서 표기해 주세요."

날렵한 눈매에 큰 코, 구불거리는 머리칼을 가진 건장한 체격의 외국인이었던 그는 동료와 함께 클럽 라운지 데스크 앞에 서 있었다. 1~2박 투숙객의 청구서 분리 작업은 비교적 간단하게 처리할 수 있지만, 이 손님은 일주일 넘게 투숙했고 룸서비스나 식음업장 등 별도로 이용한 항목도 꽤 많았다. 클릭 몇 번으로 간단히 해결될 일은 아니었다. 연차가 적은 사원에게는 더더구나.

'긴장하지 말자. 할 수 있어. 천천히 항목을 분리하고 총금액이 변동 없는지만 확인하면 돼.'

데스크 앞에 손님용 의자가 있는데도 그들은 서서 나를 주시했고, 죄 없는 내 정수리는 점점 뜨거워졌다. 언제 되냐는 독촉에 미소를 잃지 않고 말했다.

"Would you please have a seat and wait for a moment?"

앉아서 노려보나 서서 째려보나 긴장되는 건 매한가지지만, 그래도 손님이 위에서 나를 내려다볼 때 왠지 모를 위압감이 더 들기에 의자에 앉기를 권했다. 그는 털썩 앉아서 반쯤 눕듯 허리를 앞으로 빼고 등받이에 기댄 채 한쪽 종아리를 다른 쪽 무릎 위에 올려놓았다.

손님의 요청대로 요금 분리를 한 후 청구서를 프린트해서 확인하는데, 중간에 제대로 수정되지 않은 일자를 발견했다. 삐질…. 아까보다 좀 더 땀이 났지만, 손님께 양해를 구하고 틀린 부분을 고친 후 다시 출력해서 손님께 드렸다. 한 번 더 확인하고 드렸어야 했는데 시간이 지체되자 마음이 조급해졌고, 고쳤으니까 다 되었겠지 하는 안일한 맘이었다. 하지만 현실이 더 드라마 같을 때도 있는 법. 드라마 속 여주인공처럼 그날은 일이 계속 꼬여갔다. 차이점이 있다면 곤경에 빠진 여주를 도와줄 멋들어진 남자주인공은 없다는 것 정도였다. 이번엔 손님이 자신이 원하는 대로 제대로 고쳐지지 않은 부분을 먼저 발견했다. 그는 동료와 함께 알아들을 수 없는 그들의 모국어로 이야기를 나누더니, 안경을 한번 고쳐 올리고 나를 손가락으로 가리키며 높아진 언성으로 불편한 기색을 여과 없이 내비쳤다.

"You are wrong!"

이 말은 공격적이고 차가운 느낌을 담고 있어서 친구 사이에서도 잘 사용하지 않는다. 한국말로도 대놓고 직설적으로 '너 틀렸잖아!'라고 말하지는 않듯이 말이다. '성격이 급해서', '직원이 자기가 원하는 대로 착착 해내지 못해서' 여러 이유를 들며 스스로를 달래보았지만, 다시 청구서를 고치는 내 표정은 이미 굳어진 지 오래였고, 머릿속은 점점 더 하얘졌다. 계속해서 뭐라고 퍼붓는 손님의 말도 더 이상 귀에 들어오지 않았다. 다른 손님을 응대하던 일을 마친 매니저는 심상치 않은 분위기를 느끼고 내 옆으로 와서 나 대신 매서운 눈동자를 위아래로 굴리고 있는 그를 상대했다.

"사무실에 잠깐 들어가서 맘 좀 달래고 와."

저 사람 앞에서만큼은 눈물을 보이지 않으리라는 마음이었기에 뜨겁게 달아오른 얼굴과 차오르는 눈물을 느끼곤 눈에 더 힘을 주고 눈물을 꼭 붙잡았다.

"툭, 투둑."

사무실 책상에 놓여 있던 하얀 종이가 눈물로 얼룩졌다. 손님의 요청을 잘 해결하지 못한 스스로가 맘에 들지 않았고, 그걸 가시가 돋친 말로 야멸차게 쏘아붙인 그 사람도 미웠다. 대수롭지 않은 일에 창피를 당하고 분을 못 이겨 눈물을 흘리는 내가 싫었지만, 한 번 열린 수도꼭지는 좀

처럼 잠길 줄 몰랐다.

'내가 잘했으면 이런 말도 안 들었을 텐데….'

일을 제대로 처리하지 못한 나를 책망했다. 다른 사람의 실수로 생긴 문제를 해결하느라 싫은 소리를 들을 때보다 내가 못 해서 벌어진 일이라 더 부끄러웠다.

영화 「악마는 프라다를 입는다」에서 앤 해서웨이가 맡은 여자주인공, 앤디는 자신의 상사인 미란다가 자신을 못살게 군다며 의상 담당자인 나이젤에게 하소연한다.

"미란다는 날 싫어해요. 잘한 건 무조건 당연한 거고, 좀만 잘못하면 생난리를 치고…."

하지만 울먹이는 앤디에게 나이젤은 냉정한 말투로 그러면 관두라고 말하고, 그녀는 계속해서 자기 마음을 몰라주는 나이젤에게 서운함을 토로한다.

"제가 왜 관둬요? 제 말은 그냥 노력한 만큼 인정받고 싶단 얘기죠."

"솔직히 자기가 뭘 노력했는데? 징징대기만 하잖아. 그러면서 미란다가 이뻐해주길 바래? 이해도 해주고 칭찬해달라고? 꿈 깨, 아가씨."

나이젤의 따끔한 충고를 받은 앤디는 자기 자신부터 패션에 관심 가지고 한층 더 노력했고, 결국 미란다의 인정을 받는다.

야멸차고 친절하지 않은 손님 탓만 하며 징징거리고 싶지는 않았다. 이 사건 이후 잘 모르는 부분은 가볍게 넘기지 않고 몇 번이고 확인해서 내 것으로 만들었다.

"당신이 나한테 욕을 했는데 내가 그것을 받지 않으면 그 욕은 누구의 것입니까?"

나는 그 욕을 욕으로 받지 않고 성장할 수 있는 기회로 만들었다.

내 표정이 어때서?
내 태도가 어때서?

잠자리에 드는 시간엔 침대에 누워 늘 아이와 책을 읽고 도란도란 이야기를 나누다가 스르르 잠이 든다. 이날은 책을 다 읽고 불을 끄고 난 후 깜깜한 어둠 속에서도 아이는 눈을 동그랗게 뜨고 나를 바라봤다.

"엄마, 나 지금도 귀엽지?"

"응? 지금도? 그럼, 너무 귀엽지. 갑자기 그건 왜 물어봐?"

"아기 때보다 지금이 더 귀엽지?"

아뿔싸. 거실에서 아기 때 사진을 보며 남편에게 "이때 볼살 통통한 거 봐. 진짜 귀여웠네!" 하고 나눈 대화를 계속 마음에 담아두고 있던 모양이었다.

"그럼, 아기 때도 귀엽고 지금은 더 귀엽고, 엄마는 매일 매일 어쩜 이렇게 사랑스러울까 생각하는걸."

"할머니 할아버지도 나 제일 귀여워해? 동생만 챙기잖아. 그리고 다른 사람들도 나 귀여워해?"

지난 가족 모임 때, 자기는 엄마 옆에서 먹고 할머니가 아직 숟가락질이 서툰 두 살 어린 사촌 동생은 밥을 먹여주어서 동생을 더 귀여워한다고 느꼈는지 눈에 눈물이 그렁그렁한 채 심각하게 물어보는 아이를 토닥였다.

"엄마 아빠는 언제나 우리 딸이 제일 사랑스럽고 예쁘고 귀엽고 그렇지. 그건 평생 변함없이 그런 거야. 할머니 할아버지는 동생이 아직 혼자서 못 하는 게 많으니까 챙기신 거지. 그리고 다른 모든 사람이 귀엽게 봐줘야만 하는 게 아니야. 그건 중요하지 않아. 우리 딸은 그냥 지금 이대로 늘 언제나 소중하고 사랑스러운 사람이야."

아이가 이해할 수 있게끔 최대한 쉽게 이야기했지만, 과연 알아들었을까, 속상한 마음이 풀어졌을까 걱정이 되었다. 글썽이던 눈물이 사라지고 헤죽헤죽 웃으면서 자기 배를 토닥여 달라고 내미는 걸 보니 괜찮아 보였다.

지금은 너무나 당연하게 모든 이에게 사랑받을 수도 없고 그럴 필요도 없다는 걸 받아들이고 있지만, 호텔리어로 일하면서 수많은 손님을 마주하고 여러 상사의 평가 속에서 지낼 때는 이를 마음으로 인정하고 내려놓기까지 쉽지 않았다. 어쩌다 손님이나 상사로부터 좋지 않은 말을 들은 날이면 평온했던 마음에 잿빛이 드리우듯 쉬이 움츠러들었다. 잠들기 전까지 머릿속에 그 말들이 떠다녀서 한없이 울적하게 하루를 마무리하기도 했다. 비단 나만 이런 게 아니라 옆에 앉아서 나란히 일하는 선배도 그렇다는 게 그나마 위로가 돼주었다.

클럽 라운지 데스크에서 선배와 같은 조로 일하는 날이었다. 선배는 유난히 눈이 동그랗고 컸다. 검은 눈동자마저 커서 토끼 같던 선배는 덕분에 웃을 때는 한층 더 밝아 보이고, 울 때는 눈물이 남들보다 더 후드득 떨어졌다. 선배가 동그란 눈으로 나를 초롱초롱하게 바라보며 잘 모르는 부분을 가르쳐 줄 때면, 나도 덩달아 눈도 깜박이지 않고 집중하곤 했다. 나는 그런 선배의 눈이 좋았다.

그런데 세상일이 그렇듯이 모든 사람이 다 나처럼 생각하는 건 아니었다.

"저 직원 태도가 맘에 안 들어요. 눈 동그랗게 뜨고 날 가르치려는 것도 아니고."

컴플레인 중에서 속수무책으로 사과드릴 수밖에 없는 유형은 직원의 표정이나 태도를 문제 삼을 때이다. 클럽 라운지 방문객 이용 규정을 말씀드리며 손님의 요청을 정중히 거절하는 선배에게 괜한 트집을 잡은 것이다. 잘못된 정보를 전달했거나 해주기로 한 것을 깜박해서 받은 컴플레인은 내 실수이니 최소한 억울하진 않다. 하지만 규정대로 얘기했을 뿐인데 이런 식으로 날아오는 컴플레인은 그저 "그렇게 느끼셨다면 죄송합니다." 말고는 달리 대응할 방법도 없다.

"원하는 대로 안 들어주니까 괜히 그러는 거예요. 신경 쓰지 마세요."

선배의 축 처진 어깨에 살짝 손을 올리며 괜히 내가 더 열을 냈다.

"그런데 내가 표정이 별로였어? 너무 또박또박 얘기했나?"

"아니에요. 선배. 그냥 평소처럼 친절하게 응대했어요. 그냥 저 사람 심보가 삐뚤어서 그렇게 본 거예요."

이렇게 선배의 마음을 다독이는 나도 막상 내 일이 되면 '저 사람은 왜 나를 그렇게 안 좋게 보는 걸까? 어떻게 하면 좋게 보일 수 있을까?' 생각하며 내가 아닌 사람이 되려고 노력하며 스트레스를 받기도 했다.

판촉팀에 있을 때, 호텔 로비에서 총지배인과 중요한 손님을 맞이한 적이 있다. 손님은 도착 예상 시간에 맞춰서 수행원 몇 명과 함께 로비로 들어왔고, 나는 간단히 인사를 하면서 자연스럽게 총지배인을 손님에게 소개했다. 두

분은 웃으면서 명함을 주고받았고, 말이 많이 오가진 않았지만 손님은 엘리베이터 문이 닫힐 때까지 연신 싱글벙글 웃고 있었다. 별다른 문제 없이 아주 순탄하게 마무리되어서 가벼운 마음으로 다시 사무실로 복귀했다.

"팀장님, 오늘은 일찍 퇴근하시네요."

늘 퇴근 시간이 한참 지나서도 늦게까지 일하는 팀장이 오늘은 어쩐 일인지 나와 같이 퇴근 시간에 엘리베이터를 기다리고 있었다.

"아, 혜수 매니저, 그런데 평소에 좀 더 적극적인 모습을 보일 필요가 있을 것 같아. 총지배인님이 좀 아쉬워하시더라고. 적극성이 부족한 것 같다고…."

기분 좋은 퇴근길에 이게 웬 날벼락인지. 오후에 총지배인과 함께 손님을 영접할 때, 내가 중간에서 이야깃거리를 더 많이 던지고 침묵하는 순간이 없게 만들었어야 했나? 평소에 윗분과 손님이 대화를 시작하고 나서는 굳이 나서지 않는 편이다. 흔히 말하는 '낄끼빠빠(낄 때 끼고 빠질 때 빠져)'를 눈치껏 잘한다는 평가를 받아왔는데, 한순간에 소극적이고 의욕이 없는 직원이 된 기분이었다.

하필 인사 평가에 큰 영향력을 가지고 있는 총지배인에게 밉보였다는 생각에 저절로 발걸음은 터덜터덜, 어깨는 축 처진 채로 집에 도착했고, 한동안 총지배인 눈에 띄지 말아야겠다고 다짐했다. 마주쳐서 아무렇지 않은 듯 웃으면서 인사드리는 것도 싫고, 또 괜히 오버해서 더 적극적으로 행동해야만 할 것 같은 압박감을 받고 싶지 않았다. 그래서 내린 결론은 유치하지만, 최대한 피해 다니기였다.

'왜 나는 더 적극적으로 대화를 이끌어나가지 못하는 걸까?'

'저 사람은 자연스럽게 끼어들어 분위기를 주도하는구나.'

내가 가지고 있는 장점보다는 부족한 부분만 자꾸 들추면서 내가 아닌 존재가 되려고 애쓰다 보니 며칠 동안 괜히 일에 집중도 못 하고 힘은 힘대로 들 뿐이었다. 부서 내 친한 동료 선배들에게 털어놓고 위로를 듬뿍 받고 나서야 그제야 땅굴을 파고 들어가는 걸 멈출 수 있었다.

"사람마다 각자 선호하는 스타일이 다를 뿐이고, 혜수가 뭔가를 잘못한 게 아니잖아. 너무 마음에 담아두지 마. 넌 장점이 충분히 많은 사람이고 그런 장점을 좋게 생각하는 사람도 엄청 많아. 오늘 점심은 특별히 더 맛있는 거 먹으러 가자!"

만일 그때 내가 어떤 사람은 좋게 보는 나의 장점이 다른 누군가에게는 그렇지 않을 수도 있고, 그런다 한들 나는 나대로 지내면 된다는 걸 알았더라면 어땠을까? 얼마 전보았던 니체의 격언이 그날의 기억을 유난히 더 또렷하게 만들었다.

'반드시 모든 이로부터 사랑받아야 한다고 생각지 말라. 이러한 때에는 무리하게 애쓰지 않고, 평소의 자세로 담담히 지내는 것이 최선이다.'

높은 곳에 서 있으면
뭐가 다를까?

'손 타니까 너무 안아주지 말고 침대에 눕혀놓는 버릇을 들여야 엄마가 고생을 덜 한다.'

아기를 낳고 나서 수없이 들은 이야기다. 신생아 시절, 아이는 눕혀놓는 것보다 높이 들어 안아주는 것을 좋아했다. 아주 먼 옛날, 아기들이 낮은 곳에 있으면 사나운 동물들에게 잡아 먹히기 십상이어서, 생물학적 본능으로 침대에 눕혀놓으면 생명의 위협을 느껴서 그렇게 운다는 내용의 글을 본 적이 있다. 사실 여부를 떠나서 아이는 이미 등 센서를 장착했고, 서서 안다가도 잠시 소파에 앉을라치면 바로 울곤 했다.

그런데 이렇게 높은 곳을 좋아하는 성향은 비단 아가들만 가지고 있는 특별한 점은 아닌 것 같다. 고소공포증이 있는 사람이 아닌 경우, 호텔 투숙객 대부분은 고층을 선호했다. 물론 높은 층에서 바라보는 전망이 좋아서겠지만, 한두 층 차이가 그렇게 크게 다른 전망을 보여 주진 않음에도 한 층이라도 더 높은 객실에 투숙하기를 원하는 손님들이 많다. 그에 상응하듯 호텔에서도 일반 객실보다 클럽 객실이 높은 층에 자리 잡고 있고 당연히 이용 요금도 더 비싸다. 아파트도 고층이 저층보다 매매 가격이 더 높게 형성되어 있는 걸 보면, 전망이 좋다는 걸 감안하더라도 이건 정말 인간의 생물학적 특성인가 싶기도 하다.

"손님 객실은 OO층 OO호입니다."

객실 키를 손님께 드리며 클럽 라운지에 대해 안내를 하려던 찰나였다.

"조금 더 높은 층은 없나요?"

커플 중 남자 손님이 아쉬운 표정을 지으며 물었다.

"한층 더 높은 객실이 있습니다만, 요청하신 시내 방향과 반대쪽인 숲 방향입니다. 괜찮으시다면 변경해 드리겠습니다."

"아… 시내 방향으로는 한 객실도 없어요?"

그는 한쪽 입꼬리를 아래로 삐죽 내리고는 느릿느릿 되물었다.

"알겠습니다. 괜찮아! 지금도 충분히 높아! 빨리 짐 놓고 맛있는 거 먹고 재미있게 시간 보내야지. 얼른 와."

남자친구를 달래던 여자는 눈웃음을 지으며 키를 받았다. 얼마 후, 그 커플은 애프터눈티 시간에 맞춰 클럽 라운지로 내려왔다. 다행히 서로를 바라보는 둘의 얼굴에는 싱글벙글한 미소가 가득했다. 남자의 표정에서 더 이상 층에 대한 불만은 찾아볼 수 없었다.

그 둘을 떠올리니 문득 남편과 하와이에 놀러 갔을 때가 생각났다.

"반영될지는 모르지만, 고층을 선호한다고 메시지 남겨놓자!"

호텔에서 맨날 듣고 보던 게 고층이라 나도 손님으로 가는 김에 좀 더 높은 층에 머물러보자는 마음이었다. 온라인으로 호텔 예약을 마치고 요청 사항을 남기는 곳을 찾아보았다. 딱히 마땅한 곳이 없어 보여서 끙끙거리던 때에 남편이 나를 말렸다.

"못 찾겠으면 그냥 두자. 사진으로 보니까 지금 객실도 충분히 좋아 보이던데."

"잠시만, 아! 찾았다. 여긴 거 같아."

기어코 고객이 메시지를 남길 수 있는 카테고리를 찾아 짧게나마 글을 남겼다.

정상 체크인 시간보다 좀 더 이른 시간에 하와이 호텔 프런트에 도착했다.

"좀 기다려야 할 수도 있겠다. 그래도 로비에 의자가 많아서 다행이네. 그나저나 우리가 남긴 요청은 봤을까? 여러 가지 혜택이 있으면 좋겠다."

호텔리어로서 손님들에게 대부분 그렇게 해왔으니 여기에서도 이 정도는 제공해 줄 수 있지 않을까 하며 공짜를 기대했다.

그런데 객실은 우리가 예약한 객실 타입이 위치한 층 중에서 중간보다 살짝 높은 층이었고, 우리가 별도로 요청한 내용이 반영된 건 없었다. 사실 이 타입과 이 정도 층이면 충분하다고 생각해서 선택하고 결제했음에도 무언가 내가 지불한 것 이상의 행운이 있기를 바랐다. 하지만 그런 건 없었고 원래 없는 게 당연한 일인데도 내가 누려야 할 것을 충분히 누리지 못한 것 같아 아쉬움이 가득했다. 그러다 번뜩 고개를 세차게 가로저었다.

'무슨 생각하는 거야. 손님들이 여러 혜택을 당연하게 요청할 때마다 지쳐갔으면서. 호의는 당연한 게 아니라고, 어쩌다가 얻게 된 행운인 거라고 그렇게 얘기해놓고. 떼끼, 이러면 못 써!'

프런트 직원은 고개를 갸우뚱하며 나를 바라봤고, 나는 아무 일 아니라는 듯 싱긋 웃어 보였다.

"입실하려면 조금 기다려야 할까요?"

"오, 아닙니다. 객실 준비된 상태여서 지금 바로 들어가실 수 있습니다."

마음을 고쳐먹으니 나에게도 행운의 요정이 웃어주었다. 아직 체크인 시간 전이었지만, 기다리지 않고 방으로 들어갈 수 있었다. 밤 비행기 내내 잠을 제대로 못 자서 비몽사몽에 시차 적응도 안 된 상태였기에 꽤 큰 행운이었다. 게다가 객실 통창에 그림처럼 펼쳐진 알라모아나 해변의 풍경은 끝내줬다.

"와, 나 너무 행복해!!!!!"

'몇 층 더 높았다면 좋았겠다.'라는 생각 따위는 들지 않았다. 사전 요청이 반영되지 않았다는 것에 몰두하여 아쉬운 맘으로 여행을 시작할 뻔했다니 아찔했다.

'나는 왜 높은 층에 가고 싶어 했을까?'

조선 시대에 임금은 신하들이 서 있는 곳보다 훨씬 높은 곳에 앉아서 어전 회의를 했다. 이처럼 옛날에는 높이가 곧 나의 신분을 드러냈다. 높은 곳에서는 아래를 다 내려다볼 수 있으니, 그만큼의 권위나 권력을 갖고 있는 것처럼 보인다. 그래서 많은 사람이 지금도 경쟁적으로 높은 곳을 가고자 하는 건 아닐까?

호텔이 내가 예약한 객실보다 높은 층에 위치한 객실로

배정을 해주었다면, 마치 대접받는 기분이 들었을 테다. 사회적 위치가 상승한 것처럼 말이다. 나는 그러지 않을 거라고 생각했는데, 나도 모르게 높은 곳에 올라가려는 경쟁 심리가 발동했나 보다.

체크아웃 시간을
조금 연장할 수 있을까요?

"체크아웃 시간을 조금 연장할 수 있을까요?"

매번 듣기만 하던 말을 나도 하게 되는 날이 오다니. 다 낭에 있는 호텔 프런트 앞에서 한두 시간만이라도 연장이 되길 바라는 마음으로 서 있었다.

"해당 객실에 오늘 체크인하는 손님이 있어서 체크아웃 연장은 어렵습니다."

동남아시아에서 한국으로 돌아오는 비행기는 대부분 늦은 밤 비행기여서 체크아웃하고도 한참 동안 어딘가를 다녀야 했다. 조금 더 객실에서 머물다 나오려는 계획은 무산됐지만, 근처 마트랑 공항에서 시간을 보내면 되겠거니 생각하고 체크아웃했다.

하지만 이번 여행은 회사 업무에 지칠 대로 지쳐있던 때라, 그저 푹 쉬다가 돌아오자는 마음으로 리조트 안에서 거의 모든 시간을 보냈기에 막상 밖으로 나오니 딱히 할 게 떠오르지 않았다. 정수리를 녹일 것처럼 내리쬐는 햇볕을 피하고자 근처에 있는 마트로 피신했다. 가족에게 줄 베트남 커피를 잔뜩 사 들고 하릴없이 이 매장 저 매장 기웃거리며 시간을 보냈다. 더 이상 할 게 없을 때쯤 공항으로 향했다.

'그래도 공항엔 식당도 있을 테고, 먹고 좀 구경하다 보면 금방이야.'

하지만 사전 조사를 너무 안 한 티가 났다. 이것저것 구경할 거리가 많은 인천공항에 익숙했던 우린 다낭 공항에 도착하자마자 여기서 몇 시간을 뭘 하면서 보낼지 걱정이 됐다. 설상가상으로 출국장은 에어컨을 너무 세게 틀어놔서 바깥 날씨에 맞춰 옷을 입고 있던 나는 온몸에 닭살이 돋았다. 한국에 있었으면 잠들었을 시간이라 어딘가에 누워 잠시 눈이라도 붙이면서 비행기를 기다리고 싶었지만, 그런 곳이 있을 리 만무했다.

"다음에 여행할 때, 밤 비행기면 꼭 1박 더 예약하자."

비행기 의자에 털썩 주저앉으며 말하는 남편도 지쳐 보였다.

호텔에서 일하면서 체크아웃 시간 연장 요청을 받는 일

은 부지기수이다. 특별한 이유가 있는 경우도 있지만, 대부분은 '조식 먹고 좀 더 여유롭게 쉬고 싶거나', '체크아웃 후 다음 일정까지 시간이 많이 남아서' 아니면 나와 남편의 다낭 여행처럼 '출국 비행기 시간이 많이 늦는데, 그전에 딱히 정해진 일정은 없어서'이다.

하지만 늦게 체크아웃하기를 바라는 손님이 많은 것과는 달리 미리 비용을 지불하고 늦은 체크아웃을 준비하는 경우는 매우 드물다. 첫 번째의 경우는 체크아웃 시간이 늦춰지지 않아도 여행에 큰 지장은 없지만, 두 번째와 세 번째처럼 체크아웃 시간 연장이 일정에서 중요하다면 이야기는 달라진다. 나와 남편처럼 예상치 못한 고생을 하며 여행의 마지막 날을 마무리할 수도 있다.

"비행기 출국 시간이 많이 늦어서요. 최대로 늦게까지 객실에 머물 수 있는 시간이 어떻게 되나요?"

이 질문을 받으면 늘 난감하다. 이런 질문은 거의 1박 비용을 내야 하는 시간까지 객실에 머물기를 원할 때 나오기 때문이다. 객실 상황을 고려해서 재량껏 한두 시간 늘려준다고 해도 손님의 기대를 충족시킬 수 없고, 오히려 그것밖에 안 되냐는 아쉬운 소리를 듣게 된다. 시간 연장을 무료로 해주는 것이 당연한 것이 아닌데도 원하는 만큼 얻을 수 없을 때 손님의 마음은 불편해진다. 그리고 그 불편함은 고스란히 직원에게도 전해진다.

남편과 나는 '호텔에서 두어 시간 정도는 잘 얘기하면 해 주겠지.'라는 안일한 생각으로 여행 계획을 세웠다. 하룻밤 자지도 않는데 1박을 더 머무는 건 왠지 쓰지 않아도 될 돈을 쓰는 기분이 들었기 때문이다. 아마도 다들 비슷한 마음이지 않을까? 이해는 되지만 권하고 싶지는 않다. 우리는 체크아웃 시간 연장이 안 되더라도 그냥 밖에서 돌아다니면 되지! 한 맘이었기에 안 되는 상황을 바로 받아들였지만, 그렇지 않은 경우라면 더더욱 말리고 싶다. 마치 화장품매장에서 럭키드로우 이벤트를 하는데, 내가 1등에 당첨될 것을 기정사실화하고 필요한 제품이 있음에도 저 안에 포함되지 않은 제품만 구매해야지 하는 것과 다를 게 없는 행동이다.

누군가 이렇게 물어볼지도 모르겠다.

"운 좋게 체크아웃 연장이 될 수도 있잖아요."

맞는 말이다. 운이 좋다면 원하는 시간만큼 객실에 편하게 있다가 본인의 일정에 맞게 퇴실할 수도 있다.

"그럼 미리 안 될지도 모른다고 걱정해서 돈을 쓰는 건 손해 보는 행동 아닐까요?"

음, 질문을 바꿔야 할 것 같다. '안 될지도 모르는 일'이 아니라 '안 되는 일'인데 그 사람이 운이 좋았을 뿐이다. 회사 근처 식당에서 오픈 기념으로 몇 주간 음료를 무료로 제공해 준 적이 있었는데, 행사 기간이 끝나고는 음료를 먹고 싶은 사람은 당연히 별도로 주문을 해야 했다. 음료를 '안 줄지도 모른다고 걱정해서' 주문을 한 게 아니라 특별히 무료로 주었던 기간이 있었을 뿐이었기 때문이다.

혹여 운 좋게 돈을 내지 않고도 원하는 서비스를 받게 되었더라도, 만일 해당 서비스가 꼭 필요한 경우였다면, 그 일이 가능해질 때까지 '될까 안될까'를 초조해하며 염려하는 시간과 에너지도 눈에 보이지 않지만 아주 큰 비용이라는 사실을 놓치고 있는 걸지도 모른다.

춥지만 따뜻했던
밸런타인데이

　연일 추위가 기승을 부리는 날이었지만, 그나마 오후조인 덕분에 깜깜한 꼭두새벽의 추위를 마주하지 않아 다행이라며 집을 나섰다. 패딩에 얼굴을 폭 파묻고 종종걸음으로 지하철역을 향하던 중 편의점 앞에 즐비하게 진열된 초콜릿 선물 포장이 눈에 들어왔다.

　'아, 오늘 밸런타인데이구나.'

　그때까지 그날이 밸런타인데이라고는 생각도 못 하고, 2월 14일은 오후조로 출근하는 날이니 날씨나 좀 덜 춥고 체크인 손님이 많지 않기를 바랐을 뿐이었다. 지하철이 역 안으로 들어오는 소리가 들려 놓치지 않으려 재빠르게 계단을 내려갔다. 지하철 안에는 이미 꽃다발을 들고 싱글벙글 서로 바라보고 있는 커플들이 꽤 있었다.

'에휴, 오늘 호텔에 커플 많아서 바쁘겠네.'

꽃다발은커녕 초콜릿을 선물할 남자친구도 없었기에, 손님들로 붐빌 클럽 라운지만 떠올리며 한숨을 쉬었다.

밸런타인데이의 클럽 라운지에는 테이블마다 커플이 자리하고 있었다. 기념일이나 특정 이벤트가 있는 날에 호텔에 와서 맛있는 음식을 먹고 여유롭게 시간을 보내는 것이 하나의 트렌드가 되면서 밸런타인데이는 호텔의 매출을 높일 수 있는 날이 되었다. 남자친구가 없던 나에게는 그저 일하는 날 중 특별히 더 바쁜 하루였다. 심지어 이날은 오후조라 밤 10시에 근무가 끝나기 때문에 남자친구가 없던 게 다행이었을지도 모른다.

"저기 클럽 라운지에서 커플들은 하하 호호 즐거워 보이네요. 저흰 집에 가면 또 기절해서 자겠죠."

데이트할 사람이 있는 것도 아니었지만, 나는 '밸런타인데이'라는 말이 주는 분위기와는 대조되게 컴퓨터 앞에서 일만 하는 신세를 한탄했다.

"그렇지. 피곤하다. 그래도 체크인 거의 다 들어왔고, 퇴근 시간 얼마 안 남았어!"

옆자리 선배는 얼마 남지 않은 퇴근 시간을 상기시켜 주며 칼퇴근의 의지를 불살랐다. 그때, 호텔에서 장기 투숙을 하는 손님이 데스크 쪽으로 터벅터벅 걸어왔다.

"아! 안녕하세요. 뭐 도와드릴까요?"

선배가 의자에서 벌떡 일어나 생긋 웃으며 말을 건넸다. 중간 정산을 할 때 말고는 데스크에 딱히 별다른 요청을 하지 않는 분이어서 이 늦은 시간에 무슨 일인지 괜히 긴장됐다. 조용히 선배와 별일 아니길 바라는 마음으로 눈빛을 주고받던 그때, 데스크 위로 빳빳하게 각진 쇼핑백 네 개가 올려졌다. 두 개는 와인이 담긴 기다란 쇼핑백, 두 개는 뭔지는 모르겠으나 좀 더 작은 사각형이었다.

"어느 분께 전해드리면 될까요?"

선배는 종이에 전해드릴 손님의 성함과 연락처를 적으려고 펜을 집어 들었다.

"허허. 아니 이거 두 분이 가져가서 드시라고. 오늘 같은 날 늦게까지 일만 하면 아쉽잖아요."

풍채가 좋은 중년의 그분은 조카나 딸 정도 나이일 우리가 밸런타인데이에 키보드만 두드리고 있는 모습이 안타까웠던 모양이었다. 클럽 라운지를 오갈 때 눈이 마주치면 인사를 드리고 그때마다 사람 좋은 미소를 띠곤 하셨지만 이렇게 선물을, 심지어 밸런타인데이에 딱 어울리는 와인과 초콜릿을 일부러 챙기실 줄은 전혀 몰랐다.

"어머! 감사합니다. 이렇게 저희 직원들 것까지 챙겨주시고, 감사히 잘 먹겠습니다!"

"뭐 별거 아니에요. 그냥 작은 거예요. 그럼, 일 마무리 잘하시고 얼른 퇴근해요."

뜻밖의 선물에 감동받은 우리를 뒤로한 채 그는 쿨하게 뒤돌아서 나갔다. 별거 아니라는 그 마음 덕분에 선배와 난 퇴근 시간만을 기다리는 좀 전과는 사뭇 다른 기분으로 남은 일을 마무리했다.

"밸런타인데이에 일하니까 이런 경험도 해보네."

"그러니까요, 선배. 그래도 우리 초콜릿 선물 받았네요. 하하."

호텔에 입사하기 전에는 호텔의 화려한 면과 호텔 직원들의 우아한 모습이 먼저 떠올랐다. 하지만 막상 호텔리어가 되고 나서는 여기저기서 물밀듯이 밀려오는 손님들의 요청에 정신을 차리기 힘든 날이 많았다. 마치 춘천에서 카누를 탔을 때, 사진 속의 난 멋들어진 주변 풍경과 어우러져 카누 위에서 빙긋 웃고 있지만, 사실 노를 젓느라 양팔이 너덜너덜해졌던 것처럼 호텔리어의 일상은 겉으론 화려하고 아름다웠지만, 퇴근길의 나는 늘 녹초였다.

하지만 그런 날들만 있었던 건 아니다. 힘듦 속에 파묻혀 소소한 기쁨들이 가려졌을 뿐이다. 호텔을 자주 방문하시는 한 손님은 이번에 하와이에 갔다가 직원들 생각나서 사왔다며 열쇠고리에 마음을 담아 주기도 했다. 공항에서 몇 개 더 샀다며 올 때마다 과자, 빵을 꼭 챙겨서 오는 손님도 있었고, 심지어 그 과자는 내가 너무나 좋아하는 맛이었다. 손님의 온기 가득한 정은 힘든 일을 버티게 해주는 은은한 동력이 되어주었다.

'내년에는 나도 초콜릿 줄 남자친구를 만들어야지!'

다음 해 밸런타인데이에도 난 여전히 오후조로 일했다. 하지만 그해는 퇴근 후 늦은 시간이었음에도 잠시 짬을 내어 남자친구에게 초콜릿을 전해주었다. 그리고 그 남자친구는 지금의 남편이 되었다. 이날의 따뜻한 기운이 후년까지 전해졌나 보다.

Chapter 4

호텔리어도
결국
사람입니다

나만의 숨구멍이
필요한 시간

"수업 시간에 자세도 흐트러짐 없이 반듯하고 집중도 잘
해요. 가방과 옷 정리 정돈도 착착 잘하고 밥도 편식하지
않고 골고루 남김없이 먹는 편이에요."

아이가 어린이집에 다닐 때부터 부모 상담 기간에 들어
온 이야기이다. 너무나도 감사하게 아이는 처음의 낯섦을
극복하고 원에 잘 적응해서 즐겁게 다녔다. 그런데 원에서
혼자 알아서 잘한다는 것도 집에서는 엄마가 해달라며 응
석을 부릴 때가 많았다. 어느 날 퇴근 후 집으로 돌아오던
길이었다. 우연히 아파트 단지에서 퇴근하는 어린이집 원
장 선생님과 마주쳤고, 선생님은 여느 때처럼 아이를 칭찬
해 주셨다.

"그런데 요즘 집에서 종종 밥도 먹여달라고 하고, 혼자

할 줄 아는 것도 괜히 해달라고 하고 그래요. 이제는 혼자서 하는 거라고 말하면 많이 서운해하고 눈물을 보이기도 해서 어떻게 하는 게 맞는 건지 고민이에요."

"어머니, 집에서 그 정도는 받아주셔도 괜찮을 것 같아요. 밖에서 아이 나름대로 사회생활을 하면서 올바르다고 여겨지는 규칙을 지키고 반듯하게 생활하느라 스트레스를 받을 거예요. 그 나이 아이들이 하고 싶은 대로 하지 않고 참는 건 생각보다 많이 힘들거든요. 아이도 어른처럼 스트레스를 해소할 휴식처가 필요하니까요."

'아이는 하루 종일 애쓰느라 지친 몸과 마음을 집에서, 엄마에게서 달래는 거였구나.'

미처 알아주지 못해서 미안한 마음과 잘 보듬어 주어야겠다는 답을 얻어 홀가분한 마음을 동시에 안고 집으로 향했다. 불현듯 온종일 고객을 상대하고 수북이 쌓인 업무를 처리하느라 지친 몸을 이끌고 짬짬이 피아노를 치러 가던 내 모습이 떠올랐다.

어쩌면 호텔리어는 손님들이 보기에는 그저 자신의 쉼을 위해 편하게 도와주는 사람 그 이상 그 이하도 아닐지도 모른다. 집과 회사만을 오가는 하루하루를 돌이켜 보니 누군가를 위해서 노력하는 시간 외에 나를 위한 시간은 별로 없었다. 일터에서의 스트레스를 해소할 일터 밖에서의 또 다른 내가 필요했다. 일 말고 무엇을 해야 할지 갈피를 잡지 못하다 어렸을 때 내가 뭘 좋아했는지까지 생각이 미쳤다. 어릴 적 아무 생각 없이 그냥 배우고 싶어서 배웠던, 특별히 이루고자 하는 바가 없는 분야, 피아노였다.

피아노 연습실은 스트레스 해소처였다. 어린이집 원장 선생님의 이야기처럼 '하고 싶은 것'을 '그냥 별다른 이유 없이 할 수 있을 때' 나도 심신의 해방감을 느꼈던 모양이다. 피아노를 잘 쳐서 어딘가 대회를 나갈 것도 아니고, 지금 내 업무와 아무 관련 없이 그냥 좋아서, 다시 해보고 싶어서 '성인 취미 피아노'를 검색했다. 15년 이상 치지 않아 악보를 보는 법도 다 잊어버렸기에 다시 칠 수 있을지 걱정이 앞섰다. 못 한다고 누가 뭐라 할 것도 아니니 일단 부딪혀 보기로 했다. 처음 며칠 지나고 나니 제법 선율이 이어지게 쳐내려 갔다. 그리고 그 시간만큼은 회사 생각이 나지 않았다. 그때는 몰랐지만, 피아노 연습실은 또 다른 나를 만들어 가는 장소이기도 했다.

자기만의 취미를 꽤 견고하게 구축해 놓은 직장 동료들도 있었다. 달리기에 푹 빠져서 매주 달리기 모임에 참여하던 동기는 마라톤까지 할 정도였다.

"퇴근하고 늦은 밤이나 주말에 새벽부터 달릴 기운이 있니?"

혀를 내두르는 나를 보며 피식 웃던 동기는 '재미있다.' 는 말 한마디만 할 뿐이었다.

다른 한 선배는 주말마다 특별한 일이 없으면 축구를 하러 간다고 했다. 축구하는 것도, 경기를 보는 것도 너무나 좋아하는 사람이었다. 취미 생활을 해도 신체적인 에너지 소모가 적은, 운동을 해도 요가나 필라테스처럼 조금은 정적인 운동을 좋아하는 내게는 축구는 또 다른 일처럼 느껴졌지만, 선배가 해준 말로 모든 것이 이해되었다.

"축구하는 동안에는 회사에서 해결되지 않아서 골치 아픈 일, 실적 등 아무것도 생각나지 않아. 그냥 축구에만 집중하게 되더라."

내가 굳이 시간을 쪼개서 피아노를 쳤던 이유와 같았다. 동기와 선배도 회사 밖의 다른 내가 필요했던 모양이다. 그런데 가끔 즐기려고 시작한 취미가 스트레스가 될 때가 있다.

'오늘은 그 곡 마무리해서 녹음해 봐야지!'

속으로 그 피아노 노래를 흥얼거리며 쌓여 있는 일들을 하나씩 처리해 나갈 때는 힘든 줄도 몰랐다. 하지만 갑작스러운 야근과 회식 등 내가 어찌할 수 없는 일이 생기면 취미 생활을 하지 않던 때보다 오히려 더 실망감이 커졌다. 칼퇴근도 못 할 뿐만 아니라, 하고 싶은 일을 못 하게 되었기 때문이다. 어쩔 수 없이 다음을 기약했지만, 일주일에 한 번도 제대로 연습실에 가지 못할 때 허탈감은 생각보다 자주 찾아왔다.

이 문제에 대한 해법은 간단했다.

"또 다른 내가 되자. 저는 그런 생각을 하거든요. 개그우먼인 박나래가 있고, 여자 박나래가 있고, 디제잉을 하는 박나래가 있고, 술에 취한 박나래가 있고. 그렇기 때문에 저는 개그맨으로서 이 무대 위에서 웃음거리가 되고 까이는 것에 대해서 전혀 신경 쓰지 않습니다. 왜냐면 그거에 대해서 조금 이해가 안 되더라도 오케이 괜찮아. 술 먹는 박나래가 있으니까. 또 아니면 괜찮아. 디제잉 하는 박나래가 있으니까. 난 이렇게 사니까 너무 편하더라고요."

개그우먼 박나래가 어느 무대에 올라서 한 이야기이다. 내가 어떤 일에서 실패했다 하더라도 또 다른 내가 있으니까 괜찮다는 위로의 메시지였는데, 난 여기서 취미 활동에 대한 힌트를 얻었다.

작더라도 나를 즐겁게 하는 취미를 여러 개를 만들자고. 여러 모습의 내가 되자고 말이다. 대학생 때부터 여러 외국어를 배우는 걸 즐겼던 나를 떠올리며 전화 일본어, 중국어를 다시 시작했고 요가도 등록했다. 계획대로 잘되지 않더라도 '그럼, 오늘은 요가를 하는 내가 되면 되지.' 늦게까지 일하느라고 씻고 자기 바쁜 날에도 '좋아, 오늘은 책을 읽다 잠드는 내가 될 거야.'라며 짧게라도 온전히 그 시간을 즐겼다. '매일 얼마큼 해서 이걸 달성할 거야.'라는 목표는 세우지 않았다. 하다가 흥미가 없어지거나 부담으로 다가올 때는 잠시 쉬거나 관심이 가는 다른 걸 찾기도 했다. 취미에 의무를 부여하지 않고 그저 취미로서 함께 했다.

"그거 왜 해?"라는 질문에 "그냥 좋아서."라고 답할 무언가가 찾아보면 누구에게나 있을 것이다. 지금 하는 일과 별로 관련도 없고 이걸 한다고 당장 눈앞에 보이는 결과물을 딱히 가져다주지도 않는다. 하지만 그런 활동을 하는 시간 덕분에 그저 피로한 몸으로 침대에 누운 채로 천장만 바라보다가 처리하지 못한 회사 일을 떠올리지 않을 수 있었고, 다음 날 다시 새로운 마음으로 하루를 시작할 수 있었다.

어른이나 아이나 자기만의 숨구멍이 필요하기 마련이다. 그 숨구멍이 여러 개라면 더 활기차지 않을까?

어른도
칭찬이 고프다

"엄마, 이거 봐봐. 이제 나 별도 혼자 그릴 수 있다. 이것
도 봐봐. 예쁘게 잘했지?"

"와, 별 그리기 어려운데 혼자서 잘 그렸네!"

칭찬을 듣자 아이의 입꼬리가 한껏 더 올라갔다. 뿌듯한
듯 빈 종이에 무언가를 또 쓱쓱 그리고 색칠하는 아이의
모습에서 어릴 적 내 모습이 겹쳐 보였다.

칭찬은 고래도 춤추게 하는 것처럼 어린아이뿐만 아니
라 다 큰 어른의 건조한 마음도 촉촉하게 적셔 주는 단비
같은 존재이다. 그런데 어른이 되고 나니, 남에게 칭찬받는
일이 더 이상 흔하게 볼 수 있는 광경이 아니었다. 오히려
칭찬받기를 기대하지 않는 것이 어른이 되어 가는 과정처
럼 여겨졌다. 사회에서 어른들은 잘하면 당연하고 못 하면

'그거 하나 제대로 못 하냐?'며 타박을 받거나, 주변에서 괜찮다고 하더라도 스스로 자신의 노력이나 능력 부족을 탓하기도 한다.

나이가 들수록 칭찬을 받기도 어렵지만, 다른 사람을 칭찬하는 것도 점점 쑥스러워진다. 어렸을 적에는 "엄마, 아빠 사랑해요!"란 말도 곧잘 하던 아이였는데, 지금은 손발이 오글거리는 기분에 무심해지는 것처럼 말이다. 그렇게 칭찬은 일상에서 점점 희소해지고 어쩌다 사람들 앞에서 칭찬받게 되면 고마움보다 쑥스러움을 먼저 느꼈다.

이집트 대통령 방한단이 본국으로 돌아가고 얼마 되지 않아 이집트 대사관으로부터 감사 편지를 받았다. 큰 행사를 잘 마무리하고 감사 편지까지 받은 덕분에 회사에서도 포상을 받았다.

"혜수 매니저, 고생했어. 애쓴 덕분에 행사 잘 마무리했네!"

여러 사람 앞에서 칭찬을 받으니 괜히 쑥스러워 멋쩍은 미소만 지으며 서둘러 자리로 돌아왔다. 마치 딸아이가 내게 칭찬받고 난 후 뿌듯함을 감추지 못하듯이 나도 입꼬리가 씰룩거렸지만, 애써 태연한 척 감추었다.

"후기 남기는 건 서비스가 너무 좋았거나 아니면 너무 별로였거나 둘 중의 하나잖아."라는 친구의 말처럼 고마움을 느끼면서도 그것을 그 사람에게 표현하는 건 또 별개의 일임을 알기에 시간을 내어 장문의 편지를 써서 보낸 그 마음이 고마웠다. 행사 기간에 잠도 잘 못 자고 밥때를 놓친 적도 부지기수라 고생한 기억이 가득하지만, 그래도 그 편지는 팍팍했던 하루에 풀 내음이 번지게 해주는 보슬비였다.

사내에서는 수치로 나타난 결과로 업무 실력을 평가받기 때문에 한 장의 편지가 나에게 좋은 고과를 보장해 주진 않는다. 하지만 내 노력이 그들의 마음에 와닿았음을 표현해 줌으로써 아날로그 감성을 좋아하는 내게 이 일을 한 번 더 할 수 있게 하는 힘을 주었다.

미국 국회의원 방한단이 투숙한 이후에 받았던 감사 편지도 기억에 남는다. 나를 포함하여 벨 데스크의 다른 지배인도 함께 언급되었는데, 지배인은 그 사실을 알고 나에게 전화까지 하며 매우 좋아했다.

'이렇게 전화까지 해서 확인하고 기뻐할 일인가?'

개인적으로 친분이 있는 사이가 아니었기에 호들갑스러운 반응이 조금은 당혹스러웠다. 당시에는 어색하게 웃으며 대화를 마무리했지만, 돌이켜 생각해보면 어쩌면 그는 기쁜 마음을 있는 그대로 표현할 수 있는 순수함을 가지고 있던 사람이 아니었을까 싶다.

다시 돌아가서 감사 편지를 또 받는다고 해도 아마도 무던하게 속으로만 고마워하겠지만, 기분 좋은 표정까지 애써 감출 필요는 없지 않을까. 씩 웃어 보이며 다른 새 종이에 다시 그림을 그리던 딸아이처럼 나도 상대방이 표현한 고마움과 칭찬의 말을 온전히 받아들이며 다음을 향해 씩씩하게 한 걸음을 내딛는 모습을 그려 보았다.

감사 편지에 쓰인 몇 마디 말이 일이 주는 버거움을 모두 다 상쇄시켜주진 않았다. 다만 정신없이 바쁘게 앞만 보며 직진하는 와중에 아주 잠시 주변에 핀 꽃을 볼 여유를, 아주 잠시 고개를 들어 하늘을 바라볼 여유를 선물해 주었다. 감사 편지가 주는 기쁨의 유효 기간은 그리 길지 않지만, 추억의 유효 기간은 측정할 수 없을 것 같다. 그 순간의 기억이 깊게 자리 잡아 한참이 지난 지금까지도 쉬이 사라지지 않는 걸 보면 말이다.

감사 편지는 결국 손님으로부터 나의 노력을 인정받은 눈에 보이는 결과물이다. 타인의 인정만을 목표로 일을 하진 않지만, 인정은 일을 지속하게 해준다. 매슬로우의 욕구 단계 이론의 '존경 욕구'처럼 타인으로부터 인정받고 싶어 하는 마음은 자연스러운 감정이다. 인정을 느끼는 방법은 제각기 다를 것이다. 지인 중에 한 작가는 예전에 광고 회사에 다닐 때 자신이 만든 안이 채택되어 그 결과물을 TV

에서 볼 때 인정받았음을 실감했다고 한다. 하지만 우리가 시도한 모든 일이 다 가시적인 결과물을 만들어내지 못할 수도 있다. 그럴 때조차도 서로의 노력을 알아주는 따뜻한 말 한마디, 칭찬을 건네는 어른이 되어보는 건 어떨까? 어른도 칭찬이 고프다.

그런 의미에서 오늘 배달 앱에서 주문한 음식 리뷰를 남겨야겠다. 내 짧은 리뷰가 분주히 음식을 만들고 있을 사람들에게 고개를 들어 잠시라도 하늘을 바라볼 짬을 줄 수 있다면 기꺼이.

미소 방패
장착하기

"까꿍! 우리 딸 너무 예쁘다."

신생아 때부터 아이 얼굴을 보며 하염없이 웃고 또 웃었다. 아이가 아침에 먼저 눈을 떠 옆에 있는 엄마 얼굴을 작디작은 손으로 꼼지락거리며 만질 때면, 난 졸린 눈을 게슴츠레 뜨면서도 미소가 지어졌다. 아이의 미소를 보고 나도 웃고, 나의 미소를 보고 아이도 웃었다.

한번은 엄마가 우는 시늉을 하면 아이도 따라 운다는 얘기를 듣고 호기심이 발동했다. 양반다리 위에 아이를 눕힌 채 한 손으로는 아이 목을 받치고 다른 한 손으로는 우는 시늉을 해보았다. 처음에는 나를 뚫어져라 쳐다볼 뿐 별다른 반응이 없던 아이가 엄마의 울음소리가 계속되자 진짜로 울기 시작했다.

"아니야, 아니야. 엄마 안 울어! 까꿍 엄마 웃고 있지?"

막상 아이가 진짜로 울자 미안한 마음에 다급히 아이를 품에 안아 달랬다. 아이는 금방 울음을 멈췄고 언제 그랬냐는 듯이 편한 표정을 지었다.

웃는 표정에 반응하는 건 비단 엄마와 아이 사이에서만 발생하는 일은 아니다. 사람의 뇌에는 '거울 뉴런'이 있는데, 이는 내가 직접 겪지 않은 일이어도 마치 내가 경험한 것처럼 느끼게 한다. 거울 뉴런 덕분에 사람은 타인에게 공감할 수 있고, 나의 미소 짓는 얼굴을 보는 상대방도 덩달아 기분 좋은 감정을 느낄 수 있다고 한다. 호텔에서 일하면서 미소가 어떤 힘을 발휘하는지, 찌푸린 표정은 어떤 결과를 초래하는지 직접 경험했기에 지금도 이왕이면 웃으면서 하루하루를 지내려 한다.

프런트에서 여느 때처럼 한창 체크인 손님이 몰릴 때였다. 체크인하려는 손님들의 줄이 점점 길어졌고, 차례가 된 한 남성분이 앞선 손님이 자리를 뜨자마자 타닥타닥 다가왔다.

"체크인하시…?"

질문을 채 끝맺기도 전에 그는 불만을 터뜨렸다.

"하, 체크인하기 참 힘드네요."

"죄송합니다, 손님. 오래 기다리시느라 힘드셨죠. 제가 빠르게 체크인 도와드리도록 하겠습니다."

그다지 유쾌한 기분이 아닌 사람 앞에서 너무 활짝 웃어도 역효과가 날 수 있어 살며시 미소 지으며 말했다.

"아니, 그런데 체크인 시간에 맞춰 왔는데 줄이 이렇게 길면 참…. 손님들 너무 기다리게 하는 거 아닙니까? 객실에 짐 놓고 클럽 라운지 이용하러 오면 애프터눈티 시간도 얼마 안 남겠어요."

'뭔가 불편함을 보상받을 수 있는 서비스를 제공해달라는 건가? 설마 객실 업그레이드를 요청하려는 건가?'

간혹 호텔의 실수로 손님께 불편함을 끼쳤거나 그 외 특별한 상황이 발생했을 때, 객실 내에 무료로 케이크나 웰컴 과일, 쿠키나 와인을 준비해놓거나 한 단계 더 높은 객실 타입으로 업그레이드를 제공하기도 한다. 하지만 이건 호텔의 실수도 아니고 신입 딱지를 아직 떼지 못한 내가 마음대로 제공할 수 있는 서비스는 아니었기에 할 수 있는 건 정성 어린 사과뿐이었다.

손님이 재차 같은 이야기를 반복하며 무언가를 원하는 듯한 뉘앙스를 풍겼다. 그렇다고 대놓고 원하는 바를 이야기하진 않아서 손님의 의중을 정확히 알 수 없었다.

"그쵸. 오늘 체크인 손님이 많아서 오래 기다리셨죠. 오가기 피곤하실 텐데 체크인하시고 바로 옆에 클럽 라운지에서 애프터눈티 이용하실 수 있도록 그동안 저희가 객실로 가방 옮겨드릴까요?"

한 번 더 눈꼬리는 아래로 입꼬리는 위로 올린 채 웃음 띤 얼굴로 말했다.

"에휴. 허허, 그래요. 옮겨줘요."

마치 '네가 그렇게 해맑게 웃고 있으니까 뭐 더 말을 못 하겠다.'며 포기한 듯이 남자는 몇 초간 침묵하며 내 얼굴을 빤히 바라봤다. 이내 객실 키를 받아 들곤 한숨 섞인 웃음을 터뜨리며 클럽 라운지로 걸음을 옮겼다. 같이 오전조였던 선배가 다가와서 조용히 말했다.

"저 손님 아무래도 기다림에 대한 보상을 바란 것 같은데, 네가 꿋꿋하게 웃으면서 친절하게 응대하니까 더 컴플레인 해봐야 소용없겠다 싶어서 그냥 포기한 거 같아. 그나저나 너 손님이 컴플레인 하는데도 되게 침착하다. 표정 관리도 잘하고. 손님들이 컴플레인 하려다가도 못하겠다."

속으로는 콩닥콩닥 떨리고 억울한 마음에 욱할 때도 있지만, 종종 컴플레인을 누그러뜨리는 미소의 힘을 믿고 웃을 수밖에.

직장에서는 웃어야 하니 일부러 더 노력해서 밝은 표정을 유지했지만, 일상에서만큼은 웃으려 애쓰지 않았다. 행복해서 웃는 게 아니라 웃어서 행복한 거라고 해도 사람이 항상 만면에 미소를 띨 수는 없는 노릇이다. 직업의 특성상 하루 종일 웃고 있다 집에 오면 웃는 것조차 피곤한 날도 있었다. 혼자 있을 때는 자연스러운 내 표정 그대로 두는 자유를 누리고 싶었다.

하루는 거울 속 내 얼굴을 바라보다 '내가 집에서는 이렇게 무표정하단 말이야?' 깜짝 놀라며 나와 내 가족에게는 환하게 웃는 모습을 자주 보여주지 못한 것이 안타까웠다. 문득 지인에게 들었던 요리사들이 오히려 영양 불균형이 많다는 이야기가 떠올랐다. 손님에게는 맛있고 영양 가득한 음식을 정성껏 만들어주고 정작 자신에게는 소홀한 태도가 마치 지금의 내 모습 같았다. 거울 속 나를 바라보며 양쪽 입꼬리를 올려보았다. 싱긋 웃는 모습이 제법 보기 좋았다. 그날부터 세수하거나 화장할 때 한 번이라도 나를 보며 웃어주었다.

다정함이
다정함을 낳는다

　작년 「유 퀴즈 온 더 블럭」에 출연한 남궁민 배우가 한 이야기가 기억에 남는다.

　"저도 지금 조금 연기가 부족한 친구들을 보면 제 모습이 떠오르는데, 그때 저한테 다정하게 해주셨던 분들이 기억에 남거든요."

　연차가 올라가면서 갓 업무를 시작하던 신입 시절의 모습은 점차 머릿속에서 희미해졌다. 후배들이 처음 업무를 맞아 긴장하는 모습을 보고 나서야 그 시절의 내 모습이 겹쳐 보였다. 그럴 때마다 모든 것이 낯설었던 업무 환경에서 다정하게 대해준 사람들이 늘 함께 떠올랐고, 그 기억은 후배들에게 조금이라도 더 다정하게 알려주는 사람이 되게끔 이끌었다.

하지만, 나이가 들수록 새로움은 설렘보다는 두려움으로 다가왔다. 내가 아직 습득하지 못한 업무 지식에 관한 질문을 받을까 불안해서였다. 학생 때는 모르는 건 배우면 되었고, 몇 번이고 복습할 기회가 주어졌다. 하지만 직장인은 실전에 투입되기 전 인수인계 작업을 하는 며칠 동안 백지상태의 도화지에 쏟아지는 관련 정보를 일단 입력하고 실전에서 시행착오를 겪으면서 배워야 했다. 이런 신입에게 다정한 사수는 마치 호랑이에게 쫓길 때 하늘에서 내려온 천금 같은 동아줄만큼 의지가 되는 존재이다.

처음 호텔에 입사해 프런트에서 낯선 업무에 허덕일 때, 나에게도 그런 다정한 선배가 있었다. '똑같은 질문을 한 사람에게 두 번 물어보지 말고, 배웠는데 또 아리송할 때는 이왕이면 다른 사람에게 물어보라.'는 신입이 선배에게 질문하는 요령이 무색할 만큼, 그 선배는 같은 질문도 친절하게 다른 예시를 들며 설명해 주었고, 이해가 되었는지 재차 확인했다. 심지어 "하다가 헷갈리면 또 물어봐."라고 말하며 싱긋 웃어주었다. 신입 때는 열정이 불타올라 집에 와서 근무 중에 새롭게 익힌 내용을 점검하다가 잘 이해가 가지 않는 부분이 있으면 선배에게 카톡으로 물어보기도 했다. 퇴근 시간 이후 휴대전화로 업무 지시를 내리지 말라는 요즘 상사도 아닌 후배가 업무 이야기를 하니 조금 당황했을지도 모르겠다. 후배의 노력을 예쁘게 봐준 선배 덕분에 차곡차곡 배워나갈 수 있었다.

어느 방송 프로그램에서 장항준 감독은 자신이 진두지휘하는 현장에서는 아무도 소리 지르지 않도록 한다고 이야기했다. 예전에 조연출이 실수한 스태프에게 자신이 따끔하게 한마디 하겠다고 하자, "놔둬라. 지는 죽고 싶을 거야."라고, 말했다고. 소리 지르지 않아도 그 순간 가장 힘들고 괴로운 사람은 실수한 당사자라는 걸 그는 너무 잘 알고 있었다. 너무 공감되는 말이라 한없이 고개를 끄덕였다. 모두 행복하게 웃으면서 일할 수 있는 근무 환경을 추구하는 그의 신조가 여러 예능 프로그램에서 비치는 그의 밝고 긍정적인 모습과 맥락을 같이 했다.

실수했을 때 당사자에게 왜 그랬냐며 다그치는 사람이 있는가 하면, 벌어진 상황을 먼저 수습한 후 실수한 사람에게 어떻게 해결되었는지 얘기해주고 더 이상 그 일로 왈가왈부하지 않는 사람도 있다. 내 잘못으로 난감한 상황이 벌어지면 안절부절못하며 당황하고, 사람들을 피해 쥐구멍에 숨고 싶어진다. 누가 뭐라 하지 않아도 주변에 폐를 끼쳤다며 끊임없이 자책한다. 그런데 내 잘못인 걸 알아도 누군가 지나치게 호통을 치며 혼내면, 겉으론 고개를 푹 숙이고 죄송하다고 할지언정 속으로는 '이런 소리까지 들어야 할 일인가. 너무하네.'라는 마음이 들기도 한다. 반면 묵묵히 보듬어 주는 사람에겐 한없이 죄송하고 '앞으론 정신 바짝 차리고 실수하지 말아야지.' 하며 나짐한다.

회사에 다니면서 "옛날에 나 때는 혼나면서 배우는 게 미덕이었어."란 얘기를 종종 들었다. 혼나면서 배우는 것도 살벌한데 심지어 미덕이었다니. 이 시대에 태어나서 다행이었다. 지금도 종종 다혈질인 사람은 있지만, 그런 사람과 태도를 더 이상 당연시하지 않고 유별나고 까칠하다고 여기기 때문이다.

쉽게 욱하는 사람들은 아마도 자기 마음속에 여유가 부족해 솟구치는 감정을 여과 없이 밖으로 내보내는 게 아닐까 싶다. 내가 아는 어떤 사람은 상대방의 조그만 실수에도 순간의 화를 조절하지 못하고 그대로 내질러 버렸다. 그래 놓고 몇 시간 후에 아까는 내가 심했다며 사과 문자를 보냈다. 하지만 이런 일이 몇 번 반복되다 보니 '병 주고 약 주는 것도 아니고.'란 생각만 들 뿐 그 사과가 진심으로 와닿진 않았다.

"너를 위해서 알려주는 건데."

"내가 널 아끼니까 하는 말인데."

예전에는 통했을지 모르지만, 요즘엔 가스라이팅의 예시로 손꼽히는 말들이다. 이제는 같은 말도 예쁘게 할 줄 아는 법을 배워야 하는 시대가 되었다. 많은 사람이 각 분야에서 신입의 시절을 거쳐 많은 시간이 흐른 후 과거를 회상할 때, 감사하게 생각하는 선배는 다정하게 대해 준 사람이다.

'다정한 선배들 덕분에 성장해서 여기까지 올 수 있었습니다.'

감정은
내가 선택하는 거야

'왜 나한테 이러는 거야?'

호텔에서 일하면서 손님들의 까다로운 요청이나 컴플레인을 받을 때면 내색하진 않아도 속으론 어쩔 수 없이 불만이 생겼다. 그럴 때마다 꾹꾹 억누르면서 참지만, 감정이 해소되지 않고 켜켜이 쌓이다 보면 꼭 한 번씩 신세 한탄을 하게 됐다.

친한 사람들 앞에서는 눌러 담았던 마음을 보일 수 있어서 잠시나마 묵은 감정이 해소된 기분이 들었다. 하지만 며칠 만에 똑같은 감정이 금방 쌓였다. 오랜만에 동기들과 모여 저녁을 먹기로 한 그날도 내 마음속에는 억울함과 부당함, 정화되지 않은 부정적인 감정이 가득 담겨 있었다. 서로 부서에서 맡은 일이나 힘들게 했던 손님 이야기를 왁

자지껄 나누면서 동기들의 공감과 지지로 위로받으려 했다. 동기 오빠 한 명이 한창 내 이야기를 듣고 나더니 사뭇 진지한 표정을 지었다.

"혜수야, 마음이 힘들 때는 쉽진 않지만, 감정이랑 상황을 분리해 봐."

"응? 감정이랑 상황을 분리하라는 게 무슨 뜻이야?"

"혜수 너 앞에 펼쳐진 상황은 그저 하나의 사건일 뿐이지, 너의 감정을 그 상황에 대입시키지 말라는 거야. 이게 무슨 생뚱맞은 소리인가 싶지? 처음부터 이렇게 하는 게 쉽진 않아. 그런데 하다 보면 익숙해질 거야."

사실 동기 오빠의 조언이 바로 수긍이 가고 이해가 된 건 아니었다. 하루가 멀다 하고 크고 작은 일들이 마음을 괴롭혔고, 그때마다 여지없이 속으로 '도대체 나한테 왜!'를 외치며 화를 억눌렀지만, 분은 쉽게 사라지지 않았다. 그러다 어느 날, '벽에 붙은 파리 효과'에 관한 글을 보았다. 힘들고 곤란한 상황에 놓였을 때, 그 상황을 제삼자의 객관적인 입장에서 바라보게 되면, 보다 더 긍정적인 감정으로 좋은 결과를 끌어낼 수 있다는 내용이었다. 동기 오빠의 말과 같은 맥락이었다. 같은 시공간에 있지만 벽에 붙어있는 파리에게는 나의 힘듦과 슬픔이 똑같이 영향을 미치지 않는 것처럼, 제삼자인 파리의 입장에서 초연히 바라보면 부정적인 감정에 매몰되지 않을 수 있다. 실제로 친구나 지인이 실패하거나 좌절했을 때, 제삼자인 '나'는 긍정적인 점을 찾아서 위로하고 격려하는 것처럼 말이다.

처음에는 '내가 느끼는 감정'에만 집중했다. '나한테 왜 이러는 거야?'라고 생각하며 상황 속에 빠져있을 때는 상대방이 나를 힘들게 한 말과 행동이 더 크게 보였고, 그로 인해 상처받은 내 마음에만 매몰되는 악순환이 반복되었다. 애초에 잘못된 질문을 던졌던 것이다. 손님은 나를 탓하는 게 아니라 서비스와 상품에 불평하는 것이기에 '나한테' 왜 그러는지에 대한 이유는 찾을 수 없었다. 그저 홀로 상처받고 화내고 달래며 맘고생을 할 뿐이었다.

밑져야 본전이니 한번 파리가 되어보기로 했다. 손님에게 컴플레인을 받으면 의식적으로 상황 속에서 빠져나와 몇 걸음 뒤에서 전체 상황을 조망해 보았다.

'손님이 컴플레인을 했어. 나한테 개인적으로 뭐라고 하는 건 아니야. 호텔 서비스에서 마음에 들지 않은 점이 있었고, 내가 지금 일하고 있으니까 나한테 말하는 것뿐이야. 뭐가 어떻게 불편한 걸까? 지금 제일 좋은 해결책은 무엇일까?'

상황 밖으로 빠져나오니 부정적 감정의 늪에 빠지는 빈도수가 눈에 띄게 줄어들었고, 상황이 왜 발생했는지보다 앞으로 어떻게 무엇을 해야 할지 해결책에 초점을 맞출 수 있었다.

'아, 그래서 상황에서 감정을 따로 떨어뜨려 놓고 보라는 거구나. 그래, 같은 상황에서도 사람마다 대처하는 자세가 다른 걸 보면….'

내가 컴플레인을 받고 이상한 손님이라고 말하고 있을 때, 같은 상황에 있던 다른 사람은 '그냥 저 사람은 이걸 원해서 그런 거야.'라고 말하며 대수롭지 않게 말하며 넘기기도 했다. 이 방법대로 지속해서 노력하다 보니 점차 자연스럽게 상황과 나를 분리할 수 있었다. 일에는 외부 변수가 많아 컨트롤할 수 없는 부분이 많지만, 감정만큼은 내가 조절할 수 있는 영역이다. 지금 자신이 상황에 휘말려서 감정의 소모가 심한 상태임을 인지하고 바꾸려고 노력한다면 말이다.

다음 동기 모임 때 그 말을 해준 동기 오빠에게 고마움을 전했다.

"오빠가 예전에 해줬던 감정이랑 상황 분리하는 거 말이야. 그거 도움이 되더라. 덕분에 좀 덜 스트레스 받고 있어. 고마워!"

"오, 다행이다. 그래, 꽤 힘들었던 일도 지나고 보면 그 정도로 힘들었나 싶게 기억도 희미해지잖아. 그러니까 그 당시에도 마음먹기 나름이지."

"그런데 오빠는 진작에 이럴 걸 깨달았다니 대단한데? 어쩐지 오빠는 별로 불평도 없고 인상 찌푸리는 것도 잘 못 본 거 같다. 그 덕분인가?"

수년이 흐른 지금, 언제나 마음의 평온을 유지한 채 파리 역할에 충실하진 못한다. 일상을 지내다 보면 유난히 나만 힘든 것 같고, 하필 운 나쁘게 나에게만 벌어진 것 같은 기분이 들 때가 종종 있다. 이런 날이 반복되면 나는 어느새 감정의 소용돌이 속에 한 걸음 한 걸음 더 가까워졌다. 이미 머릿속에서 '벽에 붙은 파리 효과'는 희미해진 채로 말이다. 하지만 그럴 때마다 다행히도 속으로 '도대체 나한테 왜!'를 외치던 초보 호텔리어 시절의 모습이 데자뷔 되면서 부정적인 감정이 더 이상 이어지지 않게 감정의 고리를 끊어낼 수 있었다. 스스로 마음을 다스리고 나면 좀 전까지는 커다랗게 보였던 일이 대수롭지 않게 느껴지기도 한다. 그리고 당시에는 분을 이기지 못하고 속으로 끙끙거렸던 일도 얼마간의 시간이 흐른 후 기억조차 잘 나지 않는 경우가 태반인 걸 보면 그때 왜 그렇게 침울했을까 싶다.

마음이 무거울 때는 더 채우려고 하지 말고 덜어내야 가벼워지는 것처럼, 무언가 해결해야 할 때는 더 가까이 다가서기보다는 한 걸음 살짝 뒤로 물러나 보는 건 어떨까?

퇴사를 한 번이라도
고민해 본 사람들

　점점 회사 일이 버겁게 느껴지면서 호텔리어를 꿈꿨던 초심은 희미해졌고 아무 생각 없이 다 그만두고 싶은 마음이 쌓여갔다. 직장인들은 늘 마음속에 사표를 넣고 다닌다는 말처럼 내가 딱 그러했지만, 행동으로는 이어지지 않은 푸념일 뿐이었다. 첫 직장에서 겁 없이 퇴사하면서 바깥세상이 얼마나 험난한지, 회사가 주는 안정감이 얼마나 낭만적인지 이미 한 번 경험해 봤기 때문이다. 무턱대고 행동하는 대신 지금 손에 쥐고 있는 것을 계속 갖고 있을 때 얻을 수 있는 이점과 이걸 놓고 새로운 것을 잡으려고 할 때 주어질 것을 비교하며 저울질했다. 그러면 미련 없이 놓을 수 있을 거라 여겼던 처음의 마음과는 달리 지금 손에 쥐고 있는 것이 꽤 묵직하고 달콤하다는 걸 매번 인정하게 됐다.

회사에 속한 직장인이란 신분은 매달 일정한 날에 일정한 액수가 통장에 찍히는 묘한 안정감을 준다. 변화무쌍하지 않아 예측할 수 있어 편하지만, 이런 단조로움을 나는 정말 좋아하는 것인지 문득문득 질문을 던지게 되는 그런 안정감 말이다.

일 년에 한 번 성과 평가가 반영되는 달이거나 승진을 한 해가 아닌 이상, 실적이 좋았던 달이든 좀 부진했던 달이든 관계없이 늘 같은 월급을 받았다. 긴장감 없이 편안했지만, 성취감을 느끼기엔 조금 부족했다. 그렇다고 성격상 성과 위주로 급여를 받는 시스템은 너무 많은 스트레스를 받을 것 같아서 그럭저럭 만족하면서 지냈다.

특별한 사유가 없는 한 매달 통장에 일정한 금액이 들어온다는 건, 생활을 일상적으로 누릴 수 있게 해주는 큰 이점이다. 대단하고 거창하진 않아도 소소한 취미 생활을 부담 없이 할 수 있고, 가족이나 친구들과 함께 맛있는 음식을 사 먹을 수 있고, 좋아하는 것과 필요한 것을 위한 소비를 할 수 있다. 가끔은 평소보다 좀 큰 지출을 하고 충동구매를 하기도 한다. 다음 달에도 어김없이 들어올 월급이 있기에 '가끔 이런 날도 있지.' 하며 여유를 부린다.

유급 연차는 회사에 다닐 때는 당연히 누리는 권리로 인식되고 단순히 쉬어서 좋은 날이었다. 그런데 자영업자나 프리랜서의 경우를 생각해보면, 쉬면서도 돈을 받을 수 있다는 건 큰 혜택이다. 호텔리어로서 손님에게 서비스를 제공하기만 하다가 손님으로서 할인된 가격으로 호텔의 서비스를 이용하며 회사에서 제공하는 복지 혜택을 누릴 때는 '그래 이만한 회사도 별로 없지.'라는 생각도 들었다. 회사가 주는 낭만들을 경험하다 보면 문득문득 솟구치는 퇴사 욕구가 누그러졌다.

"좋아하는 일을 하는 게 중요하지, 돈이나 그런 혜택들이 중요한 건 아니잖아요?"

누군가 이렇게 묻는다면, "좋아하는 일을 하는 건 중요해요. 하지만 어떠한 계기로 저울의 추가 손에 쥔 것을 놓은 쪽으로 기울기 전까지는 충분히 고민하고 생각하는 시간이 꼭 필요해요."라고 답할 것이다. 그건 예전이나 지금이나 변함없다. '그만둘 때 그만두더라도 즐길 것을 즐기자!'라고 생각의 방향을 바꿨더니 해저에 가라앉은 사표가 둥둥 떠오를 때마다 스스로를 잘 다스릴 수 있었고, 어떤 선택을 해야 할지 고민하는 과정에서도 한 뼘 더 배우고 성장했다. 무엇보다 고민과 인내의 시간 덕분에 호텔 밖으로 나오고 나서도 내 선택을 후회하지 않고 새로운 길로 나아갈 수 있었다.

그동안 항상 조직에 속해 있었고, 그 안에서 직원으로서 부여된 역할을 수행해왔다. 이 일이 인생을 걸쳐 지속하고 싶은 일은 아니라는 판단이 들 때도 '다른 회사도 다 장단점이 있으니까.' 하며 퇴사 욕구를 눌렀다. 좋은 대학, 좋은 회사의 길만이 전부라고 여겼고, 그 울타리를 벗어니서는 안 된다고 나를 달랬다. 호텔리어로서 쌓아온 시간을 내 손으로 놓는 일은 생각보다 쉽지 않았다. 갓 입사했을 무렵 적었던 '총지배인'이라는 꿈이 변할 수도 있다는 걸 인정하고 싶지 않았다. 그러면 안 될 것만 같았다. 차곡차곡 쌓인 경험이 무의미해질까 두려웠다.

그러던 내가 좋은 조건의 안정적인 회사를 그만두고 이렇게 책을 쓰게 되었다. 회사 밖의 삶은 불확실하고 주위의 말에 근심 걱정이 몰려오기도 하지만, 그럴 때마다 하고 싶은 일을 함으로써 느껴지는 기쁨이 차분하게 불안한 마음을 감싸준다. 이제 텔레비전 그만 보고 방에 들어가서 공부하려고 하던 차에 눈이 마주친 엄마가 "실컷 놀았으니 이제 공부 좀 해야지." 하면 공부할 마음이 딱 사라졌던 경험이 한 번쯤은 다 있을 테다.

그만큼 사람은 주체적으로 하고 싶어서 할 때 의욕도 충만해지고 일을 하다가 힘든 순간을 맞닥뜨리더라도 참아내는 역치가 높다. 스스로 한 선택이기에 남 탓을 할 여지도 없으니 말이다. 내 선택을 두고 용기 있는 도전이라고 생각할지도 모르겠다. 하지만 호텔을 퇴사하고 다른 곳으로의 이직을 선택했을 때, 호텔 업무보다 새로운 곳의 업무가 더 하고 싶었다거나 그 길이 더 적성에 맞아서는 아니었다. 당시에는 일의 성격보다는 근무 환경이 육아와 병행하기에 어느 쪽이 더 적합한가가 선택의 가장 중요한 기준이었다. 그런 점에서 어찌 보면 또 다른 안정감을 위해 호텔을 퇴사했다고 보는 게 더 맞을 것 같다.

그런데 일정 시간 동안 직장에 묶여 있어야 하는 건 어느 회사건 마찬가지였고, 육아와 일을 병행하는 건 체력적으로 쉽지 않았다. 게다가 전에 하던 일에 비해 대체로 변동성이 적고 무난한 업무였지만 하고 싶은 일은 아니었기에 '이 일을 계속했을 때 과연 나중에 후회하지 않을까? 이 일로 만족하고 지내야 하는 걸까? 이걸 지속할 수 있을까?'라는 질문은 또다시 도돌이표처럼 머릿속을 헤집고 다녔다.

학창 시절에 좀 더 깊게 마주했어야 할 고민을 30대 중반의 아이 엄마가 되어서야 진지하게 묻기 시작했다.

'나는 뭘 하고 싶은 걸까? 무엇을 좋아하지? 잘하는 건 뭐지? 내가 좋아하는 일을 하면서 돈을 벌 수는 없을까?'

그동안은 어쩌면 스스로 선택했다고 믿었지만, 사회가 정해놓은 좋아 보이는 선택지 안에서 내가 할 수 있는 것을 골랐던 건 아닐까. 질문에 답을 하는 데는 일 년이 넘는 시간이 걸렸고, 마음속 깊은 곳에 가라앉아 있던 작가라는 꿈을 겨우 꺼낼 수 있었다. 이제는 안다. '하고 싶은 일'은 언제든 변할 수 있고 앞으로도 '더 하고 싶은 일'이 생길 수도 있다는 걸. 그리고 어떤 선택을 하든 과거의 시간은 온전히 나에게 남아 현재의 새로운 모습을 만들어준다는 것을. 호텔리어로서의 여정은 멈추었지만, 호텔리어로 지낸 시간 덕분에 지금의 내가 될 수 있었고 나는 썩 마음에 든다. 지금 내 모습이.

결국은 선택의 문제이다. '안정감을 택하겠느냐?'와 '두려움을 안고서라도 도전하겠느냐?' 사이의. 그런데 여러 번 선택을 하다 보니, 안정감은 꼭 퇴사하지 않고 현재 다니고 있는 직장에 머무를 때만 얻어지는 게 아니었다. 상황에 맞춰서 안정을 느끼는 선택을 하는 것. 그것이 내게는 안정감이라는 선택지였다. 새로운 도전을 꼭 두려움을 극복해 가며 척박한 땅을 개척해 가는 이미지로만 받아들일 필요는 없지 않을까? 도전은 각자의 마음의 평화를 얻기 위한 기분 좋은 경쾌한 발걸음이기도 하니까.

한 사람이라도
내 편이 있다면

"상무님은 동기분들이 같이 임원까지 쭉 함께하셔서 좋으시겠어요."

"좋긴 뭐가 좋나. 올라가면 동기도 다 경쟁자다."

동반 판촉을 나갔다가 사무실로 돌아오는 길에 농담처럼 웃으면서 말씀했지만, 완전히 빈말은 아닌 듯 그 웃음이 어쩐지 쓸쓸해 보였다. 나는 그 자리까지 올라가질 않아서인지 모르겠지만 동기들은 늘 친구처럼 편했고, 지금까지도 퇴사한 동기들까지 다 함께 오랜만에 모여도 마치 어제 본 사이처럼 수다쟁이가 된다. 만일 마음 터놓고 이야기할 수 있는 사람이 없었다면, 호텔에서 일찌감치 더는 못하겠다고 포기했을지도 모른다.

다행히 '그래, 일은 힘들어도 사람이 좋아서 다닌다.'라고 말할 수 있을 정도로 좋은 동료들을 만났다. 바늘과 실처럼 붙어 다녔던 선배도 있었다.

"오늘은 왜 같이 안 나가고 혼자예요?"

"하하, 오늘은 서로 판촉 스케줄이 달라서요. 점심 맛있게 드세요."

사무실 층의 보안을 담당하는 경비분이 내가 혼자 엘리베이터를 기다리는 모습을 보고 나랑 자주 붙어 다니는 같은 부서 선배의 행방을 묻기도 했다.

하루는 우리도 펀드를 한번 들어보자며 재테크 왕초보 둘이서 점심을 후다닥 먹고 은행에 갔다. 서로의 계좌 잔고가 보여도 스스럼없었다. 오히려 은행 직원이 "어, 저 이렇게 쿨하게 같이 앉아서 상담하는 분들 처음 봐요. 괜찮으신 거 맞죠?"라고 되묻곤 했다.

심지어 선배는 아기집을 처음 보러 갈 때도 함께 해주었다.

"저 점심시간에 산부인과 가서 초음파 보려고 하는데, 시간 되시면 같이 가실래요?"

"어머, 내가 가도 돼?"

"제가 남편한테는 나중에도 같이 병원 가야 할 일 많을 테니 휴가를 아껴두라고 했거든요. 그런데 막상 혼자 가려니 괜히 허전했는데, 같이 가주시면 저야 너무 좋죠!"

"그럼, 이모가 같이 가줘야지! 괜히 내가 긴장된다."

초음파실에서 아기집 사진을 받아 들고나와서는 밖에서 기다리고 있던 선배에게 사진을 보여주었다.

한번은 이런 날도 있었다. 전날 또래 모임에서 과음을 한 탓에 아침에 둘 다 신물이 올라오는 걸 참아가며 다크써클이 턱 밑까지 내려온 채 창백한 낯빛으로 출근을 했다. 꾸역꾸역 업무를 보고 거래처와 통화를 하고 나서야 맞이한 기다리고 기다리던 점심시간. 둘은 우선 잠을 택했다. 삼사십 분쯤 잠을 자고 일어나서 명치를 문지르던 우리의 첫마디는, "해장이 좀 필요한 것 같은데…."였다. 마침 구내식당의 메뉴는 얼큰한 콩나물국이었다. 밥과 다른 반찬은 몇 젓가락 먹다 말았지만, 국물만큼은 깔끔하게 들이키곤 "휴, 이제 좀 살 것 같다."며 실소를 터트렸다.

사실 회사에서 자매처럼, 친구처럼 지낼 수 있는 사람을 만날 수 있을 거란 기대를 하거나 어떤 사람과 친한 관계를 만들기 위해 일부러 애쓰진 않았다. 하지만 감사하게도 그런 인연을 만났고, 일이 즐거운 날보다는 힘든 날이 많은 게 어쩌면 당연한 회사에서 웃음을 간직하며 지낼 수 있었던 건 단연코 사람 덕분이었다.

인터넷에서 이런 글을 본 적이 있다.

'아무리 친한 사이여도 자신을 다 내보이지 말라. 사이가 틀어지면 너의 약점을 무기 삼을지도 모른다.'

터놓고 이야기한다는 것이 나의 모든 것을 드러낸다는 것은 아니지만, 언젠가 저 사람과 멀어질지도 모른다는 벌어지지도 않은 걱정을 하며 지나치게 경계심을 갖는 건 너무 슬프다. 굳이 묻지도 않은 내 약점, 말하기 어려운 집안 이야기, 그 밖에 사생활을 말할 필요는 없다. 하지만 서로 좋은 마음으로 기쁠 때 함께 웃고 슬플 때 함께 울고 화나고 속상할 땐 나와 함께 맞장구쳐 주는 그런 사람은 일상에서 지칠 때, 그대로 풀썩 주저앉고 싶을 때 생각보다 더 큰 힘을 준다.

퇴근 후 갑자기 맥주와 닭발이 생각날 때 선약만 없다면 맘 편히 함께 할 수 있는 사총사 모임도 있었다. 나와 늘 붙어 다녔던 그 선배, 그리고 또 다른 선배와 동생까지 함께 점심도 자주 했고, 서로 눈빛만 봐도 조금 전 통화가 고달팠는지, 오늘 아침에 일이 생각보다 한가했는지 알 수 있는 사이, 한 명이 물꼬를 트면 너도나도 공감한다며 마치 자기 일인 듯 화내주고, 슬퍼해 주고, 또 기뻐해 주는 사이였다. 그들이 없었다면 돌이켜 보았을 때 호텔리어로서의 시간이 지금처럼 추억하고 싶은 순간으로 남아 있지 못했을 거다. 힘없이 주저앉아 버렸을 내 모습이 그려진다.

좋은 인간관계가 실제로 우리를 더 행복하고 건강하게 만든다는 연구도 있다. 나는 TED에서 이 강의 영상을 처음 접했고, 한창 좋은 동료들 덕분에 일이 힘들어도 버티던 때라 격하게 공감했다. 미국 하버드 의과대학의 로버트 월딩거 박사는, 첫 번째로 사회적 관계는 삶에 긍정적인 역할을 하고 외로움은 그 반대라고 말했다. 그리고 친구가 몇 명인지가 중요한 게 아니라 얼마나 질 좋은 관계를 맺고 있는지가 중요하며, 마지막으로 좋은 관계가 우리 육체뿐 아니라 두뇌도 보호한다는 사실을 강조했다.

하지만 현실은 점점 이와는 다른 결로 흘러가는 것만 같다. 무려 8년 전의 이 영상에서 월딩거 박사가 언급했듯이, 당시 밀레니얼 세대에서 가장 중요한 목표가 무엇인지 질문한 한 조사에서 이미, 80%가 넘는 응답자들이 부자가 되는 게 주된 목표라고 대답한 걸 보면 말이다. 그렇게 인간관계는 사람들의 삶에서 뒷전으로 밀려나고 있었다.

오랜만에 같이 일했던 매니저와 안부 메시지를 주고받다가 문득 옛날에 종종 가졌던 번개모임이 생각났다.

'퇴사하고 나니까 그때 또래끼리 번개모임 갖고 수다 떨고 그런 시간이 종종 그립더라고요.'

'요즘엔 그런 거 없어. 코로나 영향도 있고. 다들 일 끝나

고 집에 가기 바쁘지 뭐. 갑자기 오늘 모일까? 이런 건 전혀 없어. 그때 재밌었지.'

 '그래도 사람들 덕분에, 그런 재미에 힘들어도 즐겁게 다녔는데….'

 곤히 잠든 아이 옆에 나란히 누워 스탠드 불을 끄고 눈을 감았다. 아쉬운 마음에 화질이 선명하지 않은 오래된 비디오를 보듯 그 시절을 추억했다.

몸은 피곤해도 마음은 충전되는
번개모임

평소에 갑작스럽게 일정이 잡히는 걸 딱히 선호하지 않는 편인데, 판촉 매니저로 일하면서 이런 성향에 약간의 균열이 생겼다. 부서 전체 회식에 참여할 때는 아무래도 의무감이 좀 더 큰 비중을 차지했다면, 퇴근 후 또래끼리의 저녁 모임은 갑작스러워도 기다려졌다. 메신저로 은밀하게 자리에서 일어나 사무실 밖으로 나갈 타이밍과 밖에서 만날 장소를 정하는 것도 마치 007작전을 펼치듯 긴장감 있고 즐거웠다. 멤버들 모두 야근이 없는 날을 고르는 것부터 쉽지 않은 과정이었다. 그리고 모두가 책상을 정리하고 나갈 준비를 할 때 갑자기 팀장이 "오늘 저녁 먹고 갈 사람?"이라고 외치는 경우도 적지 않았다.

사실 집에 가서 편한 옷으로 갈아입고 맥주 한 캔을 따서

TV를 보는 게 몸은 훨씬 편하다. 바깥의 흥겨운 분위기에서 마시다 보면 과음하게 되고, 그러면 다음 날은 영락없이 컨디션 난조였다. 그럼에도 함께 한 사람들의 표정 속에서는 조금의 불편함도 찾아보기 어려웠다. 오히려 다음 날 출근을 위해 일어나야 하는 순간, 하나같이 아쉬워하는 기색이 역력했다.

다 같이 지하철역으로 걸어가는 길, 근처 식당에서 익숙한 노랫소리가 흥겹게 흘러나왔다. 옆에 같이 있던 동생과 함께 흥얼거리면서 걷다가 갑자기 둘이 어깨를 들썩이며 후렴구 안무를 따라 했다. 리듬을 타는 몸짓은 노랫소리가 희미해질 때까지 계속됐다.

"너희 부서 얘기 듣다 보면 마치 대학교 동아리 분위기가 나는 것 같아."

"응, 그러고 보니 서로 좀 편하게 지내는 것 같네."

"그것도 복이지. 맘 맞는 사람들이 있으면 일이 힘들어도 좀 버틸만하거든. 일은 할 만한데 사람이 힘들면 그게 더 문제지."

집에서 내가 조잘조잘 회사에서 있었던 이야기를 하는 걸 가만히 듣던 남편이 말했다.

남편의 말을 듣고 내가 몸이 좀 피곤한 날에도 번개모임은 즐겁게 참여했던 이유를 불현듯 깨달았다. 그 시간에 그 자리에 있는 사람들이 서로 나눈 공감 덕분이었다. 공감의 사전적 정의는 '남의 감정, 의견, 주장 따위에 대하여 자기도 그렇다고 느낌, 또는 그렇게 느끼는 기분'이다. 그리고 보통 이런 공감은 비슷한 경험을 한 사람들로부터 얻는다.

아무리 가족이어도 같은 상황에 놓이지 않았기 때문에, 각자가 경험해 본 것 중 가장 비슷한 상황을 대입해서 그 기분을 간접적으로 느낄 수밖에 없다. 부서 동료들도 내가 느끼는 감정을 온전히 다 알긴 어렵지만 같은 일을 하고 있기에, 서로 어떤 고충을 겪고 있고 그래서 지금 마음이 어떨지 좀 더 깊게 공감할 수 있다.

'나만 힘든 게 아니구나.'

'나만 이렇게 실수하는 게 아니구나.'

'다들 힘든데 꾹 참고 또 하는구나.'

'와, 저 상황이었으면 난 진짜 멘붕이었을 텐데 대단하다.'

'나도 저 사람처럼 또 좋은 일도 생기겠지?'

80년생부터 89년생까지 골고루 모여있던 이 모임에서 난 막내 축에 속했다. 동네 언니, 오빠들과 대화하듯 편하게 고민거리도 말하고, 또 다른 사람의 이야기도 들었다. 위로도 받고, 힘도 얻고, 반성도 하면서 회사에서의 하루하루를 쌓아갔다.

몇 달 전 저녁, 진동 소리와 함께 휴대전화 화면에 반가운 이름이 떴다. 호텔에 있을 때 늘 붙어 다녔던 언니였다. 퇴사하고 나서는 '과장님'에서 편하게 '언니'로 호칭을 바꿨다. 기쁜 마음으로 영상 통화를 받았고, 화면 안에는 당시 모임의 사람들 대부분이 모여있었다.

"오늘 오랜만에 모였는데, 혜수 생각나서 연락했어!"

"오, 혜수! 똑같네!! 잘 지내지?"

"보고 싶다. 언제 한번 나와서 같이 저녁 먹자!"

코끝이 찡해졌다. 제대로 얼굴을 못 본 지 4년이나 지났는데도 나를 그리워해 주는 사람들이 있다는 게 감사했고 벅찼다. 그만큼 그 자리에 함께하지 못해 아쉬웠다.

'힘들었지만, 나 그래도 회사 생활 잘했나 보다.'

전화 한 통으로 마음 한편이 따뜻해졌다. 통화를 마친 후 그동안 바쁘다는 핑계로 연락하지 못했던 영상 통화 속의 몇몇 동료에게 따로 메시지를 보냈다.

'오늘 오랜만에 얼굴 봐서 너무 반가웠어요. 다음에는 저도 함께해요! 불러주세요!'

'그래, 꼭 보자!'

회사 생활에서 결국 남는 건 사람이지 않을까?

남편 말이 맞을 수도 있다. 모든 회사, 모든 부서가 이렇게 나와 마음이 잘 통하는 사람으로만 이루어져 있지는 않다. 아니, 어쩌면 극히 드물지도 모른다. 그런 면에서 나는 정말 운이 좋았다. 부서에 맘 맞는 사람이 없다면, 관심 있는 사내 동아리에 참가해보는 것도 방법이다. 회사 안에서는 영 못 찾겠다면 외부에서 비슷한 업종의 사람들이 참여할 수 있는 모임을 만들거나 이미 활성화된 모임에 들어갈 수도 있다. 이런 공간이나 모임에서 우리는 친밀한 소속감을 느낄 수 있다. 누군가와 통한다는 느낌, 다른 사람에게 이해받는다는 건 생각보다 큰 기운을 주니까.

호텔리어가
되고 싶은 분을 위한 tip

처음 호텔리어가 되고 싶다고 생각했을 때, 채용 공고의 모집 부문을 보면서 각 부문에 세부적으로 어떤 부서가 있고 무슨 일을 하는지 알 수 없어 답답하고 자기소개서는 뭐라 써야 할지 막막했다. 회사의 채용 사이트와 온라인 카페에서 정보를 조각조각 모아 대강의 그림을 그리며 상상의 나래를 펼쳐야 했다. 아마 많은 구직자가 나와 비슷하지 않을까 싶다. 그래서 호텔리어가 되고 싶지만 뭐부터 준비해야 할지 모르겠고, 알고 있는 정보가 맞는지 궁금한 분을 위해 도움이 될 만한 팁을 담아보았다.

호텔리어를 떠올리면 외국인과 유창하게 영어로 대화하는 모습이 자연스레 연상될 것이다. 나도 그랬으니까. 이미 호텔에 입사해서 다니고 있는 친구 한 명은 원어민이라고 봐도 무방할 정도로 유창한 해외파였다. 지원하기 전에 그 친구에게 "호텔에 다니려면 너만큼 영어 잘 해야 돼?"라고 물어봤던 기억이 아직도 생생하다. 참고로 난 대학교에 다닐 때, 방문학생으로 호주에 있었던 10개월가량을 제외하고는 한국에서 나고 자라 영어를 배운 국내파이다. 결론부터 말하면, 입사하기 위해 영어를 원어민처럼 잘해야 하는 것은 아니다. 하지만 회사에서 요구하는 자격 요건 이상의 점수나 등급을 갖추는 것 외에 영어로 말하고 쓰는 능력을 키워놓기를 권한다.

우선 서류전형에서 호텔의 부서마다 업무의 특성이 다르기 때문에, 필요한 영어 성적이 다를 수 있다. 프런트나 판촉 부서는 외국인 손님과 직접 소통해야 하는 경우가 많아서, 요구되는 성적이 비교적 높은 편이다. 서류전형 이후에 치러지는 면접에서 대부분 다시 한번 지원자의 영어 실력을 확인하는 과정이 있다. 내가 지원할 당시에는 서류전형 때 토익과 오픽 성적을 제출했음에도 현장에서 영어 말하기 시험을 보는 과정이 있었다. 해외 대학 졸업생인 경우에는 영어 에세이를 써서 제출해야 했다. 영어 면접이 별도로 있거나 실무 면접이나 인성 면접 중에 질문에 대한 답변을 영어로 말해보라는 경우도 있으니, 실제 영어 구사 능력을 향상시킬 수 있도록 꾸준히 노력해야 한다. 일하는 동안 처음 몇 년 동안은 매년, 이후에는 2년에 한 번씩 토익이나 스피킹 시험 점수를 제출해야 했고, 승진 시기에 영어 점수에 따라 부여되는 가산점도 달랐다.

호텔리어가 되기 위해 영어 외에 다른 외국어도 잘해야 하는지 궁금해하는 분도 많은데, 특성 언어 우대 조건이 있는 경우를 제외하고는 제2외국어 자격증은 있으면 좋고, 없다고 합격에 큰 영향을 주진 않는다. 만일 지금 대학교 3학년이고 자신의 오픽 등급이 IM3나 IH인데 본격적으로 취업을 준비하기 전에 다른 외국어를 하나 더 배워서 낮은 등급의 자격증이라도 따는 건 어떨지 묻는다면, 영어 등급을 IH나 AL로 올리고 제2외국어에 관심이 있다면, 입사가 확정된 후에 배워도 된다고 말해 주고 싶다.

대학교 3학년 때 두 학기 동안 호주에서 방문 학생으로 지내다가 돌아와서 정신 차려보니 졸업까지 한 학기만이 남아 있었다. 이전까지는 미디어 전공인만큼 방송일에 관심을 두고 있어서 다른 기업 취업에 필요한 것들을 별로 준비하지 못했다. 그때 한 학기 동안 휴학을 했고, 복학 전에 자격증을 딸 계획으로 일본어와 중국어를 동시에 배웠다. 일본어 기초는 알고 있으니 중국어를 새롭게 시작해도 충분히 해낼 수 있을 거라 생각했지만, 언어는 단기간에 쉽게 체득할 수 있는 게 아니었다. 돌이켜봤을 때, 다른 외국

어에 쓸 노력과 시간을 영어에 집중했더라면 하는 아쉬움
이 남는다.

호텔에서 일하고 있다고 하면 관련 전공자라고 생각하
는 경우가 많은데, 주전공은 미디어이고 이중 전공은 경제
이다. 실제 사내에 호텔경영이나 관광 전공자들도 있지만,
나처럼 큰 연관성이 없어 보이는 전공자도 많다. 때론 관
련 전공자를 우대한다는 조건이 명시되기도 하지만, 비전
공자가 지원할 수 없는 건 아니니 전공을 걱정하기보다는
자신이 호텔에서 일하는 데 적합한 다른 경험과 능력을 찾
고 자기소개서와 면접에서 잘 드러내길 바란다.

호텔에서 아르바이트나 인턴으로 일한 경험이 있다면
아주 좋겠지만, 나처럼 졸업을 앞둔 늦은 시기에 호텔에서
일하는 걸 고려한 사람이라면 아마도 이런 경험이 없을 확
률이 높다. 나 역시 마찬가지였기에 대학 졸업 후 첫 직장
이었던 항공사에서 보낸 6개월의 길지 않은 시간과 이후
인턴으로 은행에서 5개월가량 일한 경력을 잘 살려서 자기
소개서와 면접에 녹여냈다. 고객과의 접점에서 어떻게 대
화하고 일을 처리할 수 있는지, 어떤 어려움을 겪었고 어
떻게 극복했는지, 호텔에서 예상되는 어려운 점은 무엇이
고 이에 어떤 자세로 임하려고 하는지 각오를 이야기했다.
거창한 일이 아니어도 좋다. 오랜 시간 호텔리어를 꿈꿔오

지 않았어도 괜찮다. 서비스업 경험이 아니더라도 사람을 상대해 본 기억을 잘 떠올려보자. 도무지 떠오르지 않는다면 지금부터라도 일상에서 주의를 기울여 경험의 기회를 만들면 된다.

혹시 언어 전공자이고 입사 후에도 전공 언어를 활용해서 커리어를 이어나가고 싶다면, 해당 언어의 자격증을 소지하면 좋다. 일본어를 예로 들면, 이왕이면 높은 등급인 JLPT 1~2급이나 JPT 고득점을 보유하고 있다면, 지원자의 강점이 될 수 있다.

회사는 신입사원에게 엄청난 일을 해결하거나 아무도 생각하지 못한 창의적인 일을 기획할 것이라고 기대하지 않는다. 하물며 아직 입사도 하기 전인 지원자가 거창한 능력을 갖고 있을 거라 여기지 않으니 "전 특별한 경험이 없는걸요. 내세울 만한 재능이 없어요."라며 걱정하지 않아도 된다. 면접에서는 지원자의 태도와 사고방식을 통해 회복 탄력성과 사람들과 어울리는 융화력을 평가하고, 그 사람의 미래 잠재력을 예측한다. 면접관이 아무리 면밀하게 살핀다고 해도 짧은 시간 안에 한 사람을 온전히 알아보고 평가할 수는 없다. 그렇기에 지원자가 자신의 어떤 면을 어떤 방식으로 드러내는지가 중요하다.

학창 시절에 경험한 각양각색의 모임과 동아리 활동이

나 화려한 이력을 자랑하는 인턴 경험을 나열하는 것에서 그쳐서는 안 된다. 단순히 어떤 활동을 얼마나 했는지가 아니라 한 가지의 경험이라도 그 안에서 구체적으로 어떤 역할을 맡았고, 일을 수행하면서 겪은 어려움을 어떻게 극복해 냈는지가 드러나야 한다. 이 과정에서 기른 역량을 토대로 입사 후에 마주할 난관도 어떠한 자세로 대처하겠다는 스토리까지 연결해보는 연습을 하자. 나는 면접에서 항공사와 은행에서 일할 때 사람을 상대하는 어려움을 경험한 것을 강조하면서, 호텔의 화려한 이미지와는 달리 직원으로서 겪을 수밖에 없는 힘듦이 있음을 알고 있다고 말했다. 덕분에 더 단단해졌고, 입사 후에도 감정에 휘둘리지 않고 잘 극복하면서 손님에게도 좋은 서비스를 제공하는 직원으로서 역할을 다하겠다며 각오를 보여 주었다.

어려움을 예상해보는 건 합격 후에 호텔에서 일하게 될 때도 도움이 된다. 막연하게 호텔의 화려하고 아름다운 모습만 떠올리며 기대에 부풀면 드라마 속 호텔리어의 커리어처럼 밝은 미래만 그리기 쉽다. 그러다가 실전에 투입되면 대부분 꿈꿨던 이상과 현실의 괴리감에 한동안 정신적인 방황이 이어진다. 면접을 준비할 때 스스로의 역치를 파악해보면서 예상되는 최악의 시나리오도 버텨낼 만큼인지, 어떻게 버텨낼 수 있을지 생각해보는 시간을 갖는다면 입사 후에 좀 덜 상처받을 수 있다. 그렇다고 너무 겁내지는 말자. 생각지 못했던 좋은 기회도 열리는 곳이 호텔리어의 길이니까.

호텔리어로 살면서
배운 것

호텔에서는 매일 다양한 유형의 손님과 만난다. 일회성으로 오는 손님도 있지만, 호텔의 첫인상이 좋으면 이후에도 꾸준히 이용하는 경우가 많다. 직원들은 첫 방문인 손님에게 좋은 인상을 심어주기 위해 노력한다. 그렇다고 지속해서 호텔을 이용하는 손님은 덜 중요한가 하면 그렇지도 않다. 그들은 그들대로 호텔이 자신들의 취향을 미리 파악하여 맞춤 서비스를 제공하기를 기대하기 때문에, 혹여나 서비스가 손님의 기대에 미치지 못해 생기는 이탈을 방지하기 위해 호텔은 최선을 다한다. 그리고 호텔리어의 말은 그 최선의 노력을 빛나게 해주는 중요한 역할을 한다.

직원이 마음속으로 여러 번 다듬고 신경 써서 건넨 말은 손님에게 좋은 기억을 선사한다. 하지만 나의 의도와는 달리 말에 담긴 의미가 손님에게 잘못 전달되기도 한다. 정성껏 좋은 서비스를 제공했는데도 말 한마디로 인해 손님에게 고마움이 아닌 불만을 들은 날은 울적한 기분이 들기 마련이다. 반대로 손님으로부터 들은 기분 좋은 말은 그날 하루를 즐겁게 보낼 수 있는 원동력이 되어주었다.

돌이켜봤을 때 주고받은 모든 말이 다 아름답고 예쁘지만은 않았고, 다시 듣고 싶지 않은 말도 허다하게 마주했다. 그럴 때는 솔직히 무언가 더 배우지 않아도 되니 선택할 수 있다면 더 이상 경험하고 싶지 않다는 생각이 들었다. 하지만 인생이 다 내 맘대로만 될 것 같으면 살면서 아무 걱정이 없을 테다. 그렇다고 이미 벌어진 일을 꾸역꾸역 버텨내기만 하고 끝내버린다면, 들인 시간과 노력이 너무 아깝지 않은가. 고생은 고생대로 해놓고 아무것도 내 안에 남는 게 없다면 너무나 억울하니까.

내가 생각한 최선이 손님에게는 최선이 아닐 수도 있고, 손님의 요청이 내 상식선에서 이해가 되지 않을 때도 있다. 시간이 흐르면서 모든 사람이 다 내 맘 같을 수 없다는 걸 받아들이게 되었다. 하나의 경험에서 배울 수 있는 건 크게 두 종류로 나눌 수 있다. 다른 사람의 작은 말이나 행동에서 한 가지라도 본받아야겠다고 느끼는 것과 나는 같은 상황에 놓이더라도 좀 더 현명하게 행동하고 건설적인 말을 해야겠다고 다짐하는 것이다.

'세상에 쓸모없는 경험은 없다.'

이 말은 지치고 힘들 때마다 내 어깨를 토닥여주었다. 경험을 통해 남들이 성공이라고 부르는 눈에 보이는 결과물을 만들었건 그렇지 못했건 간에 경험은 그 자체로 의미가 있다. 그 시간에서 배우고 성장했다면 말이다.

아직도 나는 세상과 부딪히며 아파하기도 하고, 머뭇거리며 주저하기도 한다. 하지만 이내 지금 할 수 있는 것에 집중하며 한 걸음씩 나아간다. 예전에는 바람에 속절없이 휘날리는 갈대처럼 휘청거렸다면, 이제는 흔들리는 폭이 조금은 줄어들었달까. 잠시 울적하다가도 금세 중심을 잡고 '괜찮아, 할 수 있어, 잘해 왔잖아!' 하며 스스로를 다독여 준다.

무엇보다 세상에는 너무나 다양한 사람이 있다는 걸 알게 되었다. 그만큼 여러 가치관과 사고방식이 존재하기에 제각기 다른 방식으로 말하고 이해받기를 원한다는 것을. 모든 사람이 갈등 없이 조화롭게 지낼 수 있다면 좋겠지만, 현실엔 불협화음이 있기 마련이고, 내가 어찌할 수 없는 힘든 상황도 생긴다. 하지만 세상에 좋은 일만 있지도 않고 나쁜 일만 계속 있지도 않은 것처럼, 불협화음에 적응해 나가다 보니 어느새 마음 근육이 조금씩 단단해졌다.

이 책을 만난 이들도 각자의 근무 환경에서 누군가가 건네준 다정한 말을 떠올리며 단단해진 마음으로 내일을 시작할 수 있기를 바란다. 나의 이야기가 독자들의 마음을 토닥여주는 따뜻함과 다정함으로 와닿기를 바라는 마음을 이 글에 담아 보낸다.

★★★★★

호텔리어의
말센스

초판1쇄 2024년 8월 12일 **지은이** 권혜수 **펴낸이** 한효정 **편집교정** 김정민 **기획** 박화목 **디자인** purple **일러스트** Freepik **마케팅** 안수경 **펴낸곳** 도서출판 푸른향기 **출판등록** 2004년 9월 16일 제 320-2004-54호 **주소** 서울 영등포구 선유로 43가길 24 104-1002 (07210) **이메일** prunbook@naver.com **전화번호** 02-2671-5663 **팩스** 02-2671-5662 **홈페이지** prunbook.com | facebook.com/prunbook | instagram.com/prunbook

ISBN 978-89-6782-220-0 03190
© 권혜수, 2024, Printed in Korea

*책값은 뒤표지에 있습니다.